westermann

EinFach Deutsch

Jenny Erpenbeck

Heimsuchung

... verstehen

Erarbeitet von
Timotheus Schwake

Herausgegeben von
Johannes Diekhans
Michael Völkl

Bildnachweis

|Alamy Stock Photo (RMB), Abingdon/Oxfordshire: Pictorial Press Ltd 101.1. |fotolia.com, New York: Gerisch 34.1. |Imago, Berlin: Meinhold, Uwe 96.1. |Kassing, Reinhild, Kassel: 14.1, 14.2. |Picture-Alliance GmbH, Frankfurt a.M.: dpa/Kalaene, Jens 94.1; dpa/Kumm, Wolfgang 107.1; dpa/MTI Gy^rgy Lajos 108.1; dpa/tass 104.1; Presse- und Wirtschaftsdienst/Kammerer, Bernd 71.1. |Projekt Wir waren Nachbarn, Berlin: 103.1. |stock.adobe.com, Dublin: anatolir 185.1; martialred 185.2; R. S. 43.1; Ridoy-Art 185.4; Sono 185.3. |ullstein bild, Berlin: 99.1.

Westermann Schroedel Diesterweg Schöningh Winklers GmbH,
Georg-Westermann-Allee 66, 38104 Braunschweig
service@westermann.de, www.westermann.de

Druck B[2] / Jahr 2026
Alle Drucke der Serie B sind im Unterricht parallel verwendbar.

Umschlagbild: Foto: Timotheus Schwake
Druck und Bindung: Westermann Druck GmbH, Georg-Westermann-Allee 66, 38104 Braunschweig

ISBN 978-3-14-**108162**-6

Inhaltsverzeichnis

An die Leserin und den Leser

Liebe Leserin und lieber Leser,

mit Jenny Erpenbecks 2008 erschienenem Roman „Heimsuchung“ haben Sie einen anspruchsvollen und manchmal sicher auch anstrengenden Text gelesen. In dem multiperspektivischen Text erzählt Erpenbeck episodisch von zwölf Menschen, die allesamt versuchen, in einem nicht fern von Berlin gelegenen Haus an einem märkischen See heimisch zu werden. Zum Teil kennen sich die Figuren nicht einmal, und ihre Biografien, von denen die Lesenden häufig nur einen kleinen Ausschnitt erfahren, sind oftmals nur lose oder auch gar nicht miteinander verbunden. Neben dem Haus als eigentlichem „Protagonisten“ des Romans verbindet die Figuren vor allem eines: Sie alle leben im Deutschland des 20. Jahrhunderts, einer Zeit, die von zwei verheerenden Weltkriegen, von Faschismus, dem Genozid an den europäischen Juden und Jüdinnen, Flucht und Vertreibung, der Trennung unseres Landes in die DDR und die BRD sowie dem Mauerfall bzw. der Wiedervereinigung geprägt ist. Man sieht: Es reiht sich Schrecken an Schrecken. Auch wenn viele Menschen des 20. Jahrhunderts, wie zum Beispiel mein Großvater August, geboren 1910, in ihrem Leben sicher auch einige glückliche Jahre haben verbringen dürfen, so gibt es doch kaum einen Menschen dieser Epoche, der nicht in irgendeiner Weise von einem grauenhaften Ereignis direkt oder indirekt betroffen war. Eben noch harmlos-glücklicher Schneider in Essen mit guter beruflicher Perspektive, fand sich mein Großvater August als deutscher Soldat plötzlich mit offener Schusswunde am Kopf auf russischem Boden wieder und musste um sein Leben bangen. Genauso geht es den Menschen in Jenny Erpenbecks Roman „Heimsuchung“. In vielen Kapiteln schauen sie auf ihr gelebtes Leben zurück und erinnern sich auch an gute Zeiten. Der

Architekt denkt an gesellige Partys, die er mit seiner Frau für Gäste aus Berlin auf ihrem Seegrundstück gegeben hat. Der Tuchfabrikant kann in seinem Exil in Südafrika die raue Landschaft der Mark Brandenburg nicht vergessen. Und das in einem dunklen Versteck hausende Mädchen Doris erinnert sich noch im Moment ihres eigenen Todes an ihre wunderschöne Zeit in der Natur der märkischen Landschaft. Der Wert der Erinnerung für die Identität des Menschen wird damit zu einem zentralen Thema des Romans. Denn oftmals sind es gerade diese in die Vergangenheit schweifenden Gedanken, die den Menschen helfen, sich den Problemen der Gegenwart zu stellen oder Trost zu finden. Damit – und das eint die meisten Figuren des Romans – haben sie insgesamt keinen Erfolg. Niemandem ist es gestattet, auf Dauer in dem schönen Haus am See – es dürfte sich um den Scharmützelsee handeln – heimisch und damit glücklich zu werden. Zu oft werden sie von den politischen Geschehnissen, wie zum Beispiel dem Beginn des Zweiten Weltkrieges, mitgerissen. Der Macht und der Größe einer solchen Aggression können sich einzelne Individuen nicht entgegenstellen, die Heimsuchungen oder auch Schicksalsschläge bemächtigen sich des Menschen und nehmen keine Rücksicht auf sein Ansinnen, persönliche Pläne umzusetzen und glücklich zu werden. Damit ist klar, dass die Geschichten, die Jenny Erpenbeck in ihrem Roman erzählt, keine beglückenden oder gar erheiternden sind. Es gibt nur wenige Momente berührenden Glücks, beispielsweise wenn einem mit seinem Boot anlegenden Menschen leise eine zärtliche Hand gereicht wird, die den Anlegevorgang unterstützt. Meist ist die Rede vom Scheitern, von Flucht- und Gewalterfahrungen, von Dunkelheit, Einsamkeit und Angst. Einen solchen Text zu lesen ist alles andere als unterhaltsam. Das liegt nicht nur am fehlenden Happy End, sondern auch an seiner erzählerischen Konstruktion, die es auf nur wenigen Seiten nicht zulässt, dass sich die Lesenden

mit einer der porträtierten Figuren identifizieren. Erpenbecks Roman hat keinen Helden bzw. keine Heldin, mit dem Sie während der Lektüre mitfiebern können.
Dennoch ist es lohnend, sich mit dem Text, der bei seinem Erscheinen von der Literaturkritik als Jahrhundertroman gefeiert wurde, näher zu beschäftigen. Denn auch wenn die Schrecken dieser Zeit vor allem für junge Menschen schon lange zurückliegen und sie diese in der Regel mit einer Art Sicherheitsabstand über den Geschichtsunterricht in der Schule kennengelernt haben, ist es möglich, die Themen des Romans auf die heutige Lebenswelt des 21. Jahrhunderts zu übertragen, nach Gemeinsamkeiten und Schnittstellen zu suchen.

Vielen in der zweiten Hälfte des 20. Jahrhunderts geborenen Menschen wie mir selbst war es lange Zeit vergönnt, ein ruhiges und ungefährdetes Leben in Sicherheit und Frieden zu leben. Nach dem Fall der Mauer 1989 rief der Politologe Francis Fukuyama bereits das „Ende der Geschichte“ aus. Damit meinte er, dass mit dem Ende des Kalten Krieges und dem Siegeszug der Demokratie den Menschen in der Zukunft ein paradiesisches Leben in Frieden und Freiheit bevorstehe. Diese Prophezeiung hat sich nicht erfüllt:

Terroristische Attentate im Anschluss an 9/11 haben die Gewalt und die Angst in unser alltägliches Leben gebracht; Kriege in anderen Ländern sorgen dafür, dass viele Menschen ihre Heimat verlassen mussten, um ihr Leben und die Sicherheit ihrer Familien zu gewährleisten. Der Klimawandel bedroht die Lebensbedingungen in zahlreichen Ländern dieser Erde. 2020 entwickelte sich eine weltweite Pandemie, der Millionen von Menschen zum Opfer fielen und die auch Ihr eigenes Leben über viele Monate hinweg massiv einschränkte oder sogar bedrohte. Nur zwei Flugstunden von Deutschland entfernt tobt seit 2022 in der Ukraine ein Krieg, der Millionen von Menschen die Heimat raubt und sie als Flüchtlinge auch in unser Land bringt. Zu Recht wird ihnen in ihrer Verzweiflung geholfen, so wie der „Besucherin“ in „Heimsuchung“, die im Haus am Scharmützelsee ein sicheres Dach über dem Kopf gewinnt.

Dies alles sind aktuelle Beispiele dafür, dass Erpenbecks Roman kein bloß historischer Text ist, der die Lesenden über vergangene Zeiten aufklären will. Dann könnten Sie auch einfach in ein Geschichtsbuch schauen, das zeitsparender, systematischer und mit mehr Abstand die Geschichte erklärt und analysiert. Was es wirklich bedeutet, von der Geschichte heimgesucht und von ihr überwältigt zu werden, erfahren Sie hingegen in „Heimsuchung“ mit den Mitteln der Literatur auf eine ganz besondere, nahezu intime und persönliche Art und Weise. Die Kunst kommt den Lesenden dabei emotional viel näher, als es ein faktenbasiertes Geschichtsbuch jemals könnte. Sie können und sollten sich mit den Fakten des Holocausts, einem historisch einzigartigen Menschheitsverbrechen, beschäftigen. Was es aber wirklich bedeutet, sich als Kind in einem dunklen Verlies vor der Gestapo zu verstecken, um am Ende doch ermordet zu werden, das können Sie zumindest ansatzweise erahnen, wenn Sie das Kapitel von dem Mädchen Doris gelesen haben. Am besten ist es, Sie legen nach der Lektüre dieses Kapitels das Buch einfach zur Seite und machen eine Pause.

Neben der Beschäftigung mit den Folgen von Heimsuchungen, die Ihnen und mir in unserem Leben auch in Zukunft begegnen werden, lohnt es sich im Kontext des Romangeschehens auch, die Bedeutung von Heimat für den Menschen in den Blick zu nehmen. Ganz besonders aktuell ist diese Thematik, weil gut ein Viertel der in Deutschland lebenden Menschen einen Migrationshintergrund hat. Ob in der Nachbarschaft, der Schule oder auf der Arbeitsstelle, überall finden sich Menschen mit Migrations- oder Fluchterfahrungen, die in oder zwischen zwei Welten leben und deren Vorstellungen von Heimat sich von den hier Geborenen unterscheiden. Was bedeutet es für den Einzelnen bzw. die Einzelne, aber auch für die Gesellschaft als Ganzes, wenn Menschen mehr als nur eine Heimat haben? Gibt es Heimat überhaupt im Plural? Hat der Begriff „Heimat" nur eine räumlich-territoriale Dimension oder sollte er um eine sozial-gemeinschaftliche und emotionale Komponente erweitert werden? Der Soziologe Hartmut Rosa bejaht diese letzte Frage. Heimat ist für ihn mehr als nur ein Ort, der einem durch den Zufall der Geburt wichtig wird. Für ihn impliziert der Begriff auch eine Haltung gegenüber Menschen, die nicht in unserem Land geboren sind. Wer sich nur auf die räumlich-topografische Dimension von Heimat versteift, der sagt zu jedem zugewanderten Menschen: „Du darfst hier nicht mitmachen, denn deine Heimat ist woanders." Ein moderner Heimatbegriff geht für Rosa damit auch mit der Bereitschaft einher, Heimat als Zukunftsprojekt zu begreifen, das gemeinsam entwickelt werden kann und sollte: „Und wie dieses aussieht, darüber dürfen wir dann ringen und streiten."[1] Dass es möglich ist, fern des Geburtsortes in der Fremde eine neue Heimat zu gewinnen, das beweist beispielhaft die anpassungsfähige „Besucherin" in Jenny Erpenbecks Roman. Und auch den „Unterpächtern" gelingt es trotz aller Enttäuschungen, den Optimismus zu bewahren, selbst wenn ihre Zeit am Scharmützelsee eines Tages ihr Ende finden wird.

Eine bereichernde und lehrreiche Lektüre wünscht Ihnen

Timotheus Schwake

---

[1] www.lpb-bw.de/ausgefragt-was-ist-heimat (Aufruf: 04.09.2023)

Der Inhalt im Überblick

Der Roman „Heimsuchung“ von Jenny Erpenbeck (2008) erzählt die ungewöhnliche Geschichte eines Hauses an einem märkischen See in der Nähe Berlins. Es wird in den 1930er-Jahren von einem Berliner Architekten als Wochenendhaus errichtet. Im Laufe des 20. Jahrhunderts wird dieses Haus von wechselnden Bewohnerinnen und Bewohnern aufgesucht. Der Roman erzählt in kurzen, meist nur ein Dutzend Seiten umfassenden und nicht chronologisch aufgeführten Kapiteln auszugsweise aus dem Leben dieser unterschiedlichen Menschen. Allen gemein ist – worauf die erste Bedeutung des Titels hinweist – ihre Suche nach einem Heim, nach stetiger und sicherer Heimat. Doch das gelingt keiner Figur auf Dauer. Denn – und hier greift die zweite Bedeutung des Titels – sämtliche Figuren mit Ausnahme des Gärtners werden von Schicksalsschlägen und politischen Ereignissen überrollt, die ihrem persönlichen Glück im Wege stehen. Diese Schicksalsschläge, z. B. Kriege oder Fluchterfahrungen, sind die sogenannten Heimsuchungen der verhängnisvollen deutschen Geschichte des 20. Jahrhunderts, die sich als überlegen und stärker als der einzelne Mensch erweisen. Im Überblick handelt es sich um folgende Figuren:

Der **Großbauer** (vgl. S. 14 ff./S. 12 ff.)[1] ist der Besitzer des Grundstücks, auf dem später das topografische Zentrum des Romans, das Haus am See, gebaut wird. Er opfert das Glück seiner vier Töchter, weil ihm Ansehen, gesellschaftlicher Rang und Traditionen wichtiger sind.

---

[1] Sämtliche Stellenangaben beziehen sich auf die beiden im Literaturverzeichnis aufgeführten Textausgaben: Penguin Verlag und Reclam.

Der **Architekt** (vgl. S. 34 ff./S. 31 ff.) kauft dem Großbauern das Seegrundstück ab und baut das Haus darauf. Selbstbewusst glaubt er daran, so Heimat planen und sichern zu können. Doch aller Anpassungsfähigkeit zum Trotz muss er 1951 aus der DDR in den Westen flüchten, um seiner willkürlich motivierten Verhaftung zu entgehen.
Der **Tuchfabrikant** (vgl. S. 48 ff./S. 45 ff.) baut auf dem Nachbargrundstück ein Haus. Da er Jude ist, entscheidet er sich Mitte der 1930er-Jahre dazu, Deutschland zu verlassen. Mit seiner Familie flieht er nach Südafrika und baut sich dort ein neues Leben auf. Ganz glücklich wird er jedoch nicht.
Die **Frau des Architekten** (vgl. S. 64 ff./S. 60 ff.) schaut als ältere Dame auf ihr Leben zurück und bemerkt, dass dieses nicht so verlaufen ist, wie sie es sich erträumt hat. Die Ehe mit dem Architekten hat aus einem lebenslustigen Mädchen eine unglückliche Erwachsene gemacht, die nun ihren Fehler erkennt, zugunsten ihres Mannes auf eigene Kinder verzichtet zu haben.
Das **Mädchen** Doris (vgl. S. 79 ff./S. 74 ff.) erinnert sich in einem dunklen Wandschrank im Warschauer Getto im von deutschen Soldaten besetzten Polen, wo sie sich vor der Gestapo versteckt hält, an die schönen Zeiten, die sie in dem Haus ihres Onkels, des jungen Tuchfabrikanten, verbracht hat. Schließlich wird sie entdeckt und ermordet.
Der **Rotarmist** (vgl. S. 94 ff./S. 89 ff.) ist ein junger Mann, dessen soldatische Einheit auf dem Weg nach Berlin im Haus am See rastet. Hier entdeckt er die sich versteckt haltende Frau des Architekten, die er zu vergewaltigen versucht. Am Ende wandelt sich der von Hass auf die Deutschen, die seine Familie ausgelöscht haben, geprägte Mann zu einem mitleidigen Wesen.
Die **Schriftstellerin** (vgl. S. 112 ff./S. 107 ff.) kehrt mit ihrem Mann nach dem Ende des Zweiten Weltkrieges aus dem sowjetischen Exil in die DDR zurück. Hier möchte sie mit ihrer

Dichtung dazu beitragen, den neuen deutschen Staat zu einem gerechten Ort zu machen. Doch schnell macht sie desillusionierende Erfahrungen und muss einsehen, dass ihre Hoffnungen enttäuscht werden.

Die **Besucherin** (vgl. S. 127 ff./S. 122 ff.) ist mit ihren Enkelkindern vor den Schrecken des Krieges nach Deutschland geflüchtet. Im Haus am See verbringt sie auf ihre alten Tage ein Leben in der Fremde, das sie als neue Heimat akzeptiert, weil ihr das Leben der Familie wichtiger ist als die Erinnerungen an ihr altes Leben.

Die **Unterpächter** (vgl. S. 142 ff./S. 137 ff.) sind ein Ehepaar, das die Werkstatt am Wasser zu einer Wochenendwohnung umgebaut hat und dort auf Zeit wohnt. Obwohl sie Schwierigkeiten bei der Bewältigung ihrer Vergangenheit haben – er musste einige Jahre im Gefängnis verbringen, sie erfährt erst spät, wer ihr leiblicher Vater ist –, scheinen sie trotz der unsicheren Mietverhältnisse ein glückliches Leben zu führen, weil es ihnen möglich ist, zu schwimmen und zu segeln.

Der **Kinderfreund** (vgl. S. 157 ff./S. 151 ff.) lebt mit Mitte 50 immer noch auf dem Seegrundstück, wo er seine Kindheit verbracht hat. Er trauert seiner Jugendliebe nach, die er ebenso wie einige Gewalterlebnisse seiner Kindheit nicht vergessen kann. Von seiner Vergangenheit kann er sich nicht befreien, was ihn als Erwachsener weiterhin bedrückt und belastet.

Die **unberechtigte Eigenbesitzerin** (vgl. S. 172/S. 166 ff.) hat viele Jahre im Haus am See verbracht. Nach der Wende ist ihre Familie jedoch enteignet worden. Sie verbringt daher zum Abschied heimlich einige Tage im Haus ihrer Kindheit und säubert es, bevor es verkauft wird.

Der **Gärtner** ist die einzige Romanfigur, der mehr als ein Kapitel gewidmet ist. Er stellt damit eine Konstante im Wechsel der Bewohnerinnen und Bewohner des Hauses am See dar. Nach jedem Figuren-Kapitel werden auf wenigen Seiten seine immer gleichen Tätigkeiten im Garten geschildert, die er im Wechsel der Jahreszeiten zuverlässig ausführt. Man kann den schweigsamen, naturverbundenen Gärtner als die einzige dauerhaft glückliche Figur im Roman bezeichnen.

Die Personenkonstellation

Heimsuchungen | **Gesellschaft, Wirtschaft, Politik** | **Natur**

archaische Traditionen
Rassismus
Diskriminierung
Faschismus
Krieg und Gewalt
Vertreibung/Flucht
Unfreiheit
Ungerechtigkeiten
Enteignung

wirken auf

Großbauer und seine vier Töchter
Architekt
Tuchfabrikant
Frau des Architekten
Mädchen Doris
Rotarmist
Schriftstellerin
Besucherin
Unterpächter
Kinderfreund
Unberechtigte
Eigenbesitzerin

suchen Heimat

beheimatet

Inhalt, Aufbau und erste Deutungsansätze

Der Prolog (S. 9 – 11/S. 9 – 10)

Funktion: Rahmen der Binnenhandlung

Jenny Erpenbecks Roman „Heimsuchung“ beginnt mit einem nur zwei Seiten umfassenden Prolog, der der eigentlichen Handlung vorgeschaltet ist. Dieser Prolog stellt – gemeinsam mit dem den Abriss des Hauses schildernden Epilog am Ende (vgl. S. 186 – 188/S. 181 – 183) – einen Rahmen für das Geschehen, die Binnenhandlung, dar und kommentiert dieses. Die Lesenden, die den Roman beginnen, können den Sinn und Zweck dieses Kommentars allerdings zu diesem frühen Zeitpunkt ihrer Lektüre noch nicht erschließen. Erst im Nachhinein wird klar, dass Erpenbeck den Prolog nutzt, um das Handlungsgeschehen zu relativieren, also in seiner Bedeutung zurückzunehmen.

Inhalt

Während die Binnenhandlung des Romans episodenhaft die Biografien von zwölf Menschen porträtiert, die im 20. Jahrhundert für eine Zeit in einem Haus am Scharmützelsee nahe Berlins leben und von den zum Teil dramatischen und schicksalhaften Heimsuchungen dieser Zeit betroffen sind, geht der Prolog bis in die Eiszeit zurück. Erpenbeck beschreibt präzise und zum Teil in geologisch-wissenschaftlicher Fachsprache, auf welche Art und Weise vor über 24 000 Jahren die Landschaft entstanden ist, in der in der Romangegenwart das alle Figuren einigende und zusammenführende Haus am Scharmützelsee nahe Berlin gebaut wird. Durch die Kraft des sich vordrängenden Eises kommt Bewegung in das *„Felsmassiv“* (S. 9/S. 9) des Märkischen Meeres und lässt so über viele Jahrhunderte hinweg einen idyllischen See entstehen, an dem einmal in den 1930er-Jahren ein Berliner Architekt ein Sommerhaus für seine Frau bauen wird, das im weiteren Verlauf zum Zufluchts- und Sehnsuchtsort der Menschen wird, denen Erpenbecks Erzählinstanz ihre Aufmerksamkeit schenken wird. Doch die Erfahrungen und das Leid dieser Menschen, die einen Zeitraum von nicht einmal hundert Jahren umfassen, finden ihre Relativierung, wenn betont wird, dass der entstandene See *„eines Tages“* (S. 10/S. 10) wieder vergeht, *„denn, wie jeder See, war auch dieser nur etwas Zeitweiliges“* (ebd./ebd.). Die Veränderungen und die Kraft der Natur sind stärker als der Mensch, der sein eigenes Leben glorifiziert und mit zu viel Bedeutung auflädt. In den Aussagen des Prologs spiegelt sich ein zyklisches Geschichtsbild Erpenbecks, das von der Überzeugung geprägt ist, dass jeder menschliche Versuch, durch den Bau eines Hauses heimisch zu werden, nur ein Projekt auf Zeit sein kann. Im ewigen natürlichen Kreislauf von Werden und Vergehen ist die Existenz des Menschen auf diesem Planeten nur eine Randnotiz wert. Alles wird vergehen, doch die Natur wird, da sie immer in Bewegung ist, bleiben.

Relativierung des Menschen

Zyklisches Geschichtsbild

Der Prolog ...

- schildert die Entstehung der märkischen Landschaft vor über 24 000 Jahren.
- zeigt in geologisch-nüchterner Wissenschaftsfachsprache die große Kraft und Gewalt der Natur.
- relativiert die Bedeutung menschlicher Existenz und verweist auf eine über die Geschichte des Hauses hinausgehende Zeitlichkeit.
- bildet mit dem Epilog einen Rahmen für die biografischen Episoden der Binnenhandlung des Romans.

Der Gärtner 1 (S. 13/S. 11)

Sonderstellung der Figur durch elf Kapitel

Der Figur des Gärtners kommt im Roman eine besondere Rolle zu. Anders als den anderen elf Figuren ist ihm nicht nur ein Kapitel gewidmet, sondern es sind insgesamt elf. Für jede neue Person oder Familie, von der im Roman

„Heimsuchung“ episodenhaft erzählt wird, kommt jeweils ein neues Kapitel über den Gärtner hinzu. Schon allein durch diese Kapiteleinteilung nimmt diese Figur also eine Sonderstellung ein. Während die anderen Menschen, die für eine Zeit im Haus am Scharmützelsee heimisch werden, dieses irgendwann wieder einmal verlassen müssen, ist der Gärtner immer anwesend. Im Einklang mit der Natur und im Wechsel der Jahreszeiten geht er kompetent und fleißig seiner Arbeit nach und kultiviert die Natur.

Bereits in diesem ersten einführenden Gärtner-Kapitel weht ein Hauch von Geheimnis über der Figur: „Woher er gekommen ist, weiß im Dorf niemand. Vielleicht war er schon immer da.“ (S. 13/S. 11) Der Gärtner selbst ist besitzlos und hilft den Dorfbewohnern und -bewohnerinnen, die seine exzellente Arbeit schätzen. Allein wohnt er mitten in der Natur „in einer verlassenen Jagdhütte am Rande des Waldes“ (ebd./ebd.). Anders als die meisten Romangestalten trägt er „keinen Namen“ (ebd./ebd.) und wird immer nur mit seiner Funktion angesprochen. Auch diese Namenlosigkeit und Anonymität verleiht der Figur des Gärtners etwas Mystisch-Geheimnisvolles.

Geheimnis: Name und Herkunft

Naturnähe und Gesellschaftsferne

Der Großbauer und seine vier Töchter (S. 14–26/ S. 12–24)

Das erste eigentliche Kapitel, das die Menschen in den Blick nimmt, die das Grundstück des in der Eiszeit geformten Gebiets am Märkischen Meer bewohnen, beschreibt das Leben eines verwitweten Großbauern und seiner vier Töchter zu Beginn des 20. Jahrhunderts. Zu diesem Zeitpunkt ist das spätere topografische Zentrum des Romans – das Haus am See – noch nicht gebaut. Die Lesenden werden in eine merkwürdig anmutende vormoderne Zeit eingeführt, in der das Leben der Menschen nach genau bestimmten Abläufen, Traditionen, Riten und Sitten abzulaufen hat. Diese gesellschaftlichen Regeln reglementieren

Zeitpunkt: Anfang des 20. Jahrhunderts

Traditionen und Riten bestimmen den Alltag

den Alltag der Menschen und schreiben ihnen vor, wie sie sich zu verhalten haben. Nicht einmal im Akt der Liebe, der durch die Hochzeit symbolisiert wird, gibt es Raum für individuelle Freiheit: „Wenn eine heiratet, darf sie sich ihr Brautkleid nicht selbst nähen. Auch in ihrem eigenen Haus darf das Brautkleid nicht hergestellt werden. Auswärts wird es genäht und beim Nähen darf keine Nadel zerbrechen." (S. 14/S. 12) Es ist offensichtlich, dass die Menschen von Aberglauben und Angst vor der Macht des Schicksals bestimmt sind. Die Hochzeit zweier Menschen führt in dieser Gesellschaft nicht zum persönlichen Glück, sondern sie versklavt sie, was durch eine litaneihaft vorgetragene Wiederholung deutlich wird: „Die zwei Worte, die bei einer Heirat am wichtigsten sind, lauten: Darf und muss, und darf, und muss, und darf und muss." (S. 16/S. 14)

Stolz und Materialismus des Vaters

Die vier Töchter des Großbauern und Dorfschulzen, der in der Gemeinschaft als eine Art Bürgermeister fungiert, heißen Grete, Hedwig, Emma und Klara (vgl. ebd./ebd.). Wie Trophäen präsentiert der stolze und materialistisch eingestellte Vater seine Töchter der Dorfgemeinschaft, wenn er sonntags in der Kutsche durchs Dorf fährt. Zum Zeichen der Besonderheit seiner Familie und ihrer herausgehobenen Stellung im Dorf zieht er sogar den Pferden „weiße Strümpfe" (ebd./ebd.) an, die neben seinem Klassenbewusstsein und Hochmut auch die Reinheit und den hohen gesellschaftlichen Wert seiner Töchter symbolisieren. Dass diese weißen Strümpfe vom Dreck „bespritzt" (S. 17/S. 15) werden, kann als erster Hinweis darauf verstanden werden, dass die Macht des Großbauern gefährdet ist. An der

Legitimität durch Erbe und Tradition

Legitimität seiner Machtposition besteht für den Großbauern selbst jedoch lange Zeit kein Zweifel, schließlich steht er in einer jahrhundertealten Familientradition, die bis in das 17. Jahrhundert zurückreicht. Erbe und Tradition haben ihn in die Position gebracht, in der er zu diesem Zeitpunkt ist. Auch deshalb tritt er gegenüber den Dorfbewohnern und -bewohnerinnen überaus autoritär auf, seine für ihn arbeitenden Knechte und Mägde ruft er „mit der Peitsche" (S. 17/S. 15) zur Ordnung. Und auch die kurze Spielzeit seiner Kinder, den eng begrenzten Raum der Freiheit und des kindlichen Glücks, beendet er streng und wortlos mit bedrohlichem Knallen seiner Peitsche.

Problem: kein männlicher Erbe

Die Problematik in der Biografie des Großbauern besteht nun darin, dass er „keinen Sohn" (S. 18/S. 16) hat, der eines Tages sein Nachfolger als Dorfschulze werden könnte. Daher müssen zwangsläufig die Biografien seiner vier Töchter in den Mittelpunkt rücken: Von der ältesten Grete heißt es, dass ihre Hochzeit mit dem Sohn eines vermögenden Bauern „ausgesetzt" (ebd./ebd.) wird, als der potenzielle Bräutigam „vom Grundherrn nicht zum Erben bestimmt" (ebd./ebd.) wird und damit keine gute Partie mehr für sie ist. Der enterbte junge Mann wandert enttäuscht nach Australien aus und lässt die verlassene Grete allein zurück.

Grete

Hedwig

Die zweitälteste Tochter Hedwig beginnt eine nicht statthafte Beziehung mit einem „Handarbeiter" (S. 19/S. 17). Der um Macht und seine Position bedachte Großbauer jagt den jungen Mann, als er von dessen Affäre mit seiner Tochter erfährt, wutentbrannt und unter Todesdrohungen vom Hof. Seine ungewollt schwangere Tochter sperrt er rüde und rücksichtslos in einer Räucherkammer auf dem Dachboden ein, sodass die junge Frau eine Fehlgeburt erleidet (vgl. ebd./ebd.). Der Umgang des Großbauern mit Hedwig verdeutlicht, dass es dem Vater nicht um das individuelle Glück seiner Kinder geht, sondern um die Sicherung der familiären Position innerhalb der Dorfgemeinschaft. Ist diese in Gefahr, wendet er sofort Gewalt an.

Emma

Emma, der drittältesten Tochter des Schulzen, werden besondere Fähigkeiten attestiert. Sie „hätte sicher zum Schulzen getaugt, wenn sie als Mann auf die Welt gekommen wäre" (ebd./ebd.). Die junge Frau übt alle Tätigkeiten aus, die ihrem Vater zukommen, und sie beweist bei diesen

Verwaltungs- und Organisationsakten großes Geschick und Ausdauer. Für die damalige Zeit übt sie also für eine Frau, deren Rolle durch die Gesellschaft auf häusliche Arbeit und Kindererziehung festgelegt war, eine ungewöhnliche Tätigkeit aus. Vielleicht ist dies auch der Grund dafür, dass sie nicht heiratet und ihrem Vater somit auch keinen Nachfolger gebären kann. In wenigen Sätzen übt Erpenbeck hier feministische Kritik an den starren und unbeweglichen gesellschaftlichen Strukturen der damaligen Zeit, in der es für eine Frau nicht möglich ist, sich selbst zu verwirklichen und einer beruflichen Tätigkeit nachzugehen, die den eigenen Fähigkeiten und Interessen entspricht. Dem Vater fehlt jedoch die geistige Flexibilität, aus der Not eine Tugend zu machen und einfach seine kompetente Tochter zu seinem Nachfolger zu bestimmen. So endet die Familiengeschichte später mit seinem Tod.

Feministische Kritik an Struktur der Gesellschaft

Klara

Klara, die vierte Tochter, erleidet ein erschütterndes Schicksal. Ihr steht ein an das Seegrundstück grenzender Wald als Erbteil zu, neben dem später das Sommerhaus gebaut werden wird, das im Zentrum des Romans steht. Die zufällige Begegnung des Mädchens mit einem „Fischerburschen" (S. 20/S. 18) bildet den Anfang einer verhängnisvollen Persönlichkeitsentwicklung, denn Klara verhält sich in der Folge zunehmend seltsam und wird aus der Perspektive ihrer Mitmenschen wahnsinnig. So singt sie unverständliche Lieder und verhält sich auch sonst im Alltag immer seltsamer: „Sie hockt sich hinter die Büsche und Bäume des Gartens, oder unter Bretter, die angelehnt irgendwo stehen, steigt auch in Fässer und Truhen." (S. 22/S. 20) Als dem Vater die geistige Verwirrung seiner Tochter klar wird, schraubt er in Klaras Zimmer die Fenstergriffe und die innere Türklinke ab und macht sie so zu seiner Gefangenen.

Auflösung und Ende der Familiengeschichte

Dem nun alten Großbauern wird klar, dass mit ihm die auf Wald- und Grundstücksbesitz beruhende Familiengeschichte ihr Ende finden und sich auflösen wird. Deshalb muss er die Sicherheit des eigenen Territoriums aufgeben und seinen Besitz verkaufen. Damit ist sein Versuch, die eigene Identität allein durch seine Zugehörigkeit zu seinem Besitz, dem Bauernhof, und seiner Funktion als Dorfschulze zu definieren, gescheitert. Das erste Drittel von Klaras Wald veräußert er an einen Kaufmann. Das zweite Drittel geht an einen jüdischen Tuchfabrikanten aus Guben, dessen tragischer Familiengeschichte im weiteren Verlauf ein eigenes Kapitel gewidmet wird. Das letzte Drittel geht an einen Berliner Architekten, dessen Tätigkeiten das Folgekapitel gewidmet ist.

Verkauf des Grundstücks

Der Großbauer verkauft sein Land an …		
… einen Kaufmann aus Frankfurt/Oder. ↓ spielt keine weitere Rolle mehr	… einen Tuchfabrikanten aus Guben. ↓ Vgl. Kap. 3 (S. 48 ff./S. 45 ff.).	… einen Architekten aus Berlin. ↓ Vgl. Kap. 2 (S. 34 ff./S. 31 ff.).

Mit der Figur des Architekten beginnt die Geschichte des Hauses am See, an dem sich alle Menschen für eine gewisse Zeit über glücklich und heimisch fühlen können, denn der Architekt wird seiner Frau auf dem Grundstück von Klara ein Sommerhaus bauen. Klara selbst geht „ins graue Wasser hinein“ (S. 25/S. 23) und verübt Selbstmord.

Das erste Kapitel endet, wie es begonnen hat: Während es zu Beginn um Rituale beim Heiraten geht, werden am Ende Sitten und Gebräuche beschrieben, die im Umgang mit Verstorbenen vorgeschrieben sind. Selbst im Tod bestimmen Gesetze den Ablauf der Ereignisse, eine freie Entscheidung des Einzelnen bzw. der Einzelnen gibt es nicht.

Erstes Kapitel als „böses Omen“

Das Kapitel vom Großbauern und seinen vier Töchtern kann als eine Art „böses Omen“ für die folgenden Biografien gedeutet werden, denn es beschreibt den Versuch von Menschen, ihren eigenen Weg zum Glück zu finden. Doch alle scheitern an der Macht der gesellschaftlichen Strukturen, die stärker sind als das Individuum. Die Heimsuchung der vier Töchter des Großbauern besteht also darin, dass ihre Bereitschaft, die eigene Heimat und Familientradition für die Liebe und Freiheit zu verlassen, zu nichts führt. Eine patriarchalisch aufgebaute Gesellschaft macht es vor allem für junge Frauen unmöglich, ein Leben zu führen, das den eigenen Wünschen, Vorstellungen und Träumen entspricht. Der Mensch wird zum Gefangenen der Gesellschaft. Das wird sich auch bei den folgenden Figuren des Romans in unterschiedlicher Ausprägung und Stärke zeigen. Die für den Großbauern so wichtige Bedeutung von Eigentum, Besitz und Erbe wird mit dem Ende seiner Familiengeschichte relativiert. Das ist bereits ein Hinweis auf das Kommende, denn auch die weiteren Figuren, wie z. B. der Architekt, kleben am Eigentum und Besitz und müssen am Ende doch davon lassen, weil die politischen Ereignisse des 20. Jahrhunderts stärker sind und die Verwirklichung individueller Träume nicht zulassen.

Macht der Geschichte und Ohnmacht des Menschen

Der Gärtner 2 (S. 27 – 33/S. 25 – 30)

Das zweite Gärtnerkapitel hat von allen den größten Umfang. In sachlichem Ton wird geschildert, wie der Gärtner dabei hilft, nach dem Verkauf der Grundstücke des Großbauern „die ersten Ferienhäuser am Ufer des Sees“ (S. 27/S. 25) zu bauen. Dabei beweist er großes Geschick und arbeitet gekonnt und „ohne je zu ermüden“ (ebd./ebd.). Der Gärtner „spricht wenig“ (ebd./ebd.) und äußert sich nie zu den Geschehnissen im Dorf. Obwohl unter Menschen, scheint er außerhalb der Gesellschaft zu stehen. Viel mehr als ein Nicken oder Kopfschütteln ist ihm nicht zu entlocken, was dazu führt, dass der Gärtner den Menschen im Dorf „nicht ganz geheuer“ (S. 28/S. 26) ist und sie „Anflüge von Wahnsinn“

Kommunikationslosigkeit des Gärtners

(ebd./ebd.) hinter seiner Stirn vermuten. Dieser Eindruck wird durch die Beobachtung verstärkt, dass der Gärtner bei seiner Arbeit zu den Pflanzen spricht und den an ihm interessierten Kindern den Besuch in seiner Hütte verweigert.

Zeit: 1936

Ein Verweis auf den Boxkampf Max Schmelings gegen den amerikanischen Boxer Joe Luis gibt einen ersten Hinweis auf die 1930er-Jahre, in der das Geschehen nun zeitlich zu verorten ist. In dieser Zeit herrscht in Deutschland bereits der Kanzler Adolf Hitler, dessen Partei, die NSDAP, im Januar 1933 die letzten demokratischen Wahlen der ersten deutschen Demokratie, der Weimarer Republik (1919–1933), gewonnen und mit seiner Wahl zum Kanzler die Führung des Landes übernommen hat. Sehr schnell formt der rassistische und nationalistische Politiker das politische System in eine totalitäre Führerdiktatur um, indem die verschiedenen Gewalten gleichgeschaltet, die Demokratie abgeschafft und politische wie auch religiöse Minderheiten wie die jüdische Bevölkerung diskriminiert und bald auch verfolgt werden. In dieser Zeit entscheidet sich ein wohlhabender Berliner Architekt dazu, vom Großbauern ein Stück Land am Ufer des Scharmützelsees zu erwerben, um darauf für sich und seine junge Ehefrau ein Wochenendhaus zu bauen. Bei der Planung des Grundstücks ist ihm der Gärtner mit all seinem Fachwissen und seiner Ausdauer eine wichtige Hilfe. In großer Ausführlichkeit werden dessen Tätigkeiten geschildert: „Der Gärtner beschneidet alle Büsche auf der Feldsteinumfassung im Herbst, Forsythien und Flieder im drauffolgenden Frühjahr gleich nach der Blüte. Er jätet das Unkraut zwischen den Rosen, er beschneidet die Rosen, er lässt sich von den Bauern Rinderdung geben und düngt damit Rotdorn, Walnuss und japanische Kirsche […].“ (S. 32/S. 30) Diese ausführlichen und überaus detaillierten Beschreibungen der Tätigkeiten des Gärtners werden sich in nahezu allen folgenden Gärtner-Kapiteln wiederholen. Allein die Jahreszeiten, mit

Herrschaft Adolf Hitlers im Dritten Reich (1933–1945)

Hausbau des Berliner Architekten

Leben des Gärtners im Einklang mit der Natur abseits der Gesellschaft

denen der Gärtner sich offenkundig im Einklang befindet, unterscheiden sich. Dadurch wird deutlich, dass der Gärtner eine sehr naturverbundene Figur ist, die sich von den übrigen Handlungsträgern und -trägerinnen genau dadurch wesentlich unterscheidet. Es scheint geradezu, als lebe er außerhalb der Zeit. Politische oder soziale Ereignisse tangieren ihn überhaupt nicht. Was für ihn zählt, ist seine Arbeit mit und in der Natur, mit der er eine harmonische Einheit bildet.

Der Architekt (S. 34 – 45/S. 31 – 42)

Bau des Hauses am Scharmützelsee

Der Figur des Architekten kommt für alle anderen Figuren des Romans eine besondere Bedeutung zu, denn er ist es, der das Haus am Ufer des Scharmützelsees baut, das für dessen spätere Bewohnerinnen und Bewohner zum Sehnsuchtsort und Symbol wird für den Versuch, eine dauerhafte Heimat zu gewinnen. Das Kapitel besteht aus einem

Streng personale Erzählperspektive

Rückblick aus der streng personal erzählten Perspektive des Architekten, der 1951 gezwungen wird, seine Heimat zu verlassen. Die Lesenden haben also Teil an den privaten und intimen Gedanken eines Menschen, der durch die politischen Umstände gezwungen wird, sein altes Leben hinter sich zu lassen und in der Fremde ein neues zu beginnen. Auch die folgenden Episoden teilen dieses erzähltechni-

Innensicht: Introspektion

sche Verfahren der sogenannten Introspektion, der Innensicht oder Darstellung der Gefühlswelt einer literarischen Figur, denn Jenny Erpenbeck verzichtet darauf, ihre Geschichten durch eine allwissende Erzählinstanz darstellen zu lassen. Auf diese Weise gewinnt ihr Text Multiperspektivität und Subjektivität.

Zeitsprünge

Im Vergleich zum vorangegangenen Kapitel findet an dieser Stelle ein Zeitsprung von über 15 Jahren statt. Auch solche Zeitsprünge finden sich im weiteren Handlungsverlauf immer wieder. Sie machen deutlich, dass Erpenbeck ihre Geschichte nicht chronologisch erzählt, sondern sie mit

Zeitsprüngen versieht, die an manchen Stellen auch in die Vergangenheit reichen. In der literaturwissenschaftlichen Forschung wird in diesem Zusammenhang häufig auch der Begriff der Zeitschichtung genutzt, der die Kontinuität des traditionellen linearen Erzählens verweigert. Das macht den Nachvollzug des Geschehens für die Lesenden zu einer anspruchsvollen Aufgabe.

Zeitschichtung

Mit Beginn des Kapitels sieht sich der Architekt gezwungen, das Haus am Scharmützelsee zu verlassen. Zu diesem Zeitpunkt lebt er bereits in der Deutschen Demokratischen Republik, der DDR (1949 – 1990). Der Architekt hat es also geschafft, sein Talent nacheinander in die Dienste fundamental unterschiedlicher politischer Systeme zu stellen und sich in kürzester Zeit an diese anzupassen: die Weimarer Republik (1919 – 1933), die NS-Diktatur (1933 – 1945), die Zeit des Zweiten Weltkrieges (1939 – 1945), die unmittelbare Nachkriegszeit (1945 – 1949) sowie die Gründung der DDR. Doch auch all diese offensichtliche Anpassungsfähigkeit hilft ihm am Ende nicht. Nun ist er gezwungen, das Land und damit seine Heimat zu verlassen. Er vergräbt einige wertvolle Gegenstände, wie z. B. das Meißener Porzellan und das Silberbesteck, im Garten. Die Gegenstände gewinnen für den Mann im Moment des Abschiednehmens symbolische Bedeutung. Als emotionale Erinnerungsobjekte werden sie zu einem Teil seiner Identität und drücken den verzweifelten Versuch aus, diese zu beschützen. Viele Jahre später wird der Gärtner einige dieser vergrabenen Gegenstände wieder ausgraben und damit die Spuren des vergangenen menschlichen Lebens erneut sichtbar machen, bei Jenny Erpenbeck ein Symbol für die Flüchtigkeit menschlicher Existenz und die Dauerhaftigkeit der Dinge, die den Menschen überleben.

Heimatverlust: Flucht in den Westen

Vergraben wertvoller Gegenstände

Flüchtigkeit menschlicher Existenz

Dennoch bewahrt sich der Architekt die Hoffnung, eines Tages zurückkehren und sein altes Leben wiedergewinnen zu können. Wie sich erst im weiteren Verlauf zeigen wird, ist

Hoffnung auf Rückkehr als Illusion

diese Hoffnung allerdings trügerisch. Die Flucht in die Bundesrepublik Deutschland, die BRD, ist eine letzte Chance, seiner Verhaftung zu entgehen, denn dem Architekten wird absurderweise vorgeworfen, im Westen „eine Tonne Schrauben" (S. 38/S. 35) gekauft zu haben, um damit im Osten einen „Bau für den Staat" (ebd.) möglich zu machen. In einer Zeit, in der zwei unterschiedliche politische und ideologische Systeme – die sozialistisch-kommunistische DDR und die westlich orientierte kapitalistische BRD – miteinander konkurrieren, wird ironischerweise schon diese banale Entscheidung zu einem Verbrechen, das den Architekten für fünf Jahre hinter Gitter bringen könnte. Das ist für den selbstbewussten Techniker keine Option, sodass die Flucht in den Westen die letzte Möglichkeit ist, seine Freiheit zu bewahren. Der Preis dafür ist jedoch der Verlust der Heimat. Genau dieses Motiv der Heimatlosigkeit und des Heimatverlusts ist zentral für die Biografien aller Figuren des Romans; sie alle sehnen sich nach einem Ort, an dem sie heimisch und damit glücklich werden können. Doch niemandem ist das Glück vergönnt, in dem Haus am märkischen See dauerhaft glücklich zu werden. Der Grund dafür sind die Heimsuchungen, die dem Roman seinen Titel geben. Damit sind Schicksalsschläge gemeint, die außerhalb der Einflussmöglichkeiten des Individuums liegen, z. B. politische Ereignisse wie ein Krieg oder das Entstehen zweier deutscher Staaten, die sich einander feindlich gegenüberstehen und nicht danach fragen, ob sich die Menschen mit dieser Konfrontation wohlfühlen. Man kann also davon sprechen, dass Erpenbecks Roman die Mikro- und die Makrohistorie miteinander verschränkt. Das bedeutet, dass das Leben und die Wünsche des Einzelnen bzw. der Einzelnen niemals isoliert zu realisieren sind, sondern immer im Zusammenhang mit der großen Geschichte, wie z. B. einem politischen Systemwechsel oder einem Krieg, stehen und von diesem abhängen.

Motiv der Heimatlosigkeit

Gefahr der Heimsuchungen

Verschränkung von Mikro- und Makrohistorie

Der einzelne Mensch und die Geschichte	
Mikrohistorie = Pläne und Träume des Individuums	**Makrohistorie** = epochale historisch-politische Ereignisse
Der Architekt möchte in seinem Haus am See heimisch werden.	Die DDR konkurriert auch ideologisch mit der BRD.
⬇ Widerspruch zwischen den Selbstverwirklichungswünschen des Einzelnen bzw. der Einzelnen und den realen Ansprüchen der Gesellschaft	

Reflexion beim Hausrundgang

Beim Abschied von der geliebten Heimat und dem Haus als Raum des Vertrauten, der Stabilität und Sicherheit macht der traurige Architekt noch einen letzten Rundgang durch das von ihm selbst gebaute Haus. Mit Wehmut und Melancholie erinnert er sich an dessen Entstehung (vgl. S. 38/ S. 35). Dabei wird sein Selbstverständnis deutlich: „Heimat planen, das ist sein Beruf. Vier Wände um ein Stück Luft, ein Stück Luft sich mit steinerner Kralle aus allem, was wächst und wabert, herausreißen, und dingfest machen. Heimat. Ein Haus die dritte Haut, nach der Haut aus Fleisch und Kleidung. Heimstatt. Ein Haus maßschneidern nach den Bedürfnissen seines Herrn." (Ebd./Ebd.) Die syntaktisch allein stehenden, isolierten Einzelwörter verdeutlichen das, was allen Figuren des Romans gemeinsam ist: Ihnen geht es darum, Heimat zu gewinnen, denn diese ist die Voraussetzung dafür, sich selbst zu verwirklichen und eine eigene Identität auszubilden. Dabei besteht der selbstbewusste Anspruch des Architekten darin, dass diese Heimatgewinnung durch die Aktivität des Menschen eigenständig zu erwerben ist. Offensichtlich glaubt der Techniker anfangs daran, dass es möglich ist, durch eigene planerische Anstrengung heimisch und damit glücklich zu werden. Doch nun muss er einsehen, dass dieser Glaube naiv war, denn die Geschichte

Selbstverständnis als Planer von Heimat

Desillusionierung

erweist sich als wirkungsmächtiger als das einzelne Individuum. Sie sucht dieses heim und bemächtigt sich seiner. Die einzige Chance auf Rettung besteht darin, sich zu verändern, „das blanke Leben zu retten, die dritte Haut sich abziehen zu lassen und mit glänzenden Innereien den rettenden Westen zu erreichen“ (S. 39/S. 36). Ganz im Gegensatz zum Großbauern ist der Architekt also nicht nur gezwungen, sondern auch in der Lage, durch Mobilität sein Leben zu retten, als er erkennt, dass die Heimat ihm „zur Falle“ (S. 41/S. 38) wird. Doch das ist für den enttäuschten Mann kein wirklicher Trost, denn er empfindet seine Flucht als unverdiente Niederlage: „Sein ganzes Leben hatte er dafür gearbeitet, das Geld in etwas Wirkliches umzuwandeln, hatte erst die eine Hälfte der Scholle gekauft, und das Haus darauf gebaut, später die andere Hälfte mit dem Steg und dem Badehäuschen dazu, sein ganzes schwer erarbeitetes Geld war hier festgewachsen, war buchstäblich als Eichen, Erlen und Kiefern hier verwurzelt [...].“ (Ebd./Ebd.) Insofern muss man auch den Architekten (nach dem Großbauern) als gescheitert begreifen, denn sein Wunsch, mit dem Bau des Hauses am See „sein Leben an die Erde“ (S. 42/S. 39) zu kleben und diesem damit Dauerhaftigkeit zu verleihen, scheitert kläglich. Dennoch bleibt dem Nestbauer am Ende des Kapitels ein Rest an Hoffnung, denn der Architekt steckt beim Verlassen des geliebten Hauses den „Zweitschlüssel“ (S. 44/S. 42) ein. Offensichtlich hofft er darauf, eines Tages zurückkehren zu können. Seine unmittelbare Zukunft liegt jedoch im nahen „Westberlin“ (S. 45/ebd.), ganz nah und doch unerreichbar fern der geliebten Heimat am Scharmützelsee im Osten Deutschlands. Mit der Figur des Architekten wird die traditionelle Vorstellung von einem eigenen Haus als stabile Sesshaftigkeit garantierenden Ort infrage gestellt. Der moderne Mensch, der der Großbauer noch nicht ist, der Architekt aber sehr wohl, muss stattdessen die eigene Unsicherheit managen und sich auf zeitweiliges Wohnen

Architekt als gescheiterte Figur

Naive Hoffnung auf Rückkehr

einrichten. Das ist eine weitaus schwierigere und anspruchsvollere Aufgabe, da die Zukunft als offen, unsicher und unberechenbar erscheint. Diese Aufgabe ist charakteristisch für den modernen Menschen.

Der Gärtner 3 (S. 46 – 47/S. 43 – 44)

Das dritte Gärtner-Kapitel steht in Kontrast zu der Geschichte des Architekten, die von großer Unruhe geprägt ist und die Veränderung zur Folge hat. Im Gegensatz dazu erweist sich der Gärtner hier erneut als Garant für Dauer und Stetigkeit: „Im Frühjahr“ (S. 46/S. 43) legt er auf der Wegseite des Hauses ein Blumenbeet an. „Im Sommer“ (ebd./ebd.) stellt er auf beiden Wiesen die Rasensprenger auf […]. Im Herbst sammelt er die trockenen Äste auf […].“ (Ebd./Ebd.) An seinem Verhalten erkennt man, dass der Gärtner den Kreislauf der Jahreszeiten akzeptiert und sich diesem harmonisch anpasst. Darin unterscheidet er sich von den anderen Menschen, die die Natur nach ihren eigenen Wünschen formen möchten, insbesondere von der Figur des Architekten: „Die Wildnis bändigen und sie dann mit der Kultur zusammenstoßen zu lassen, das ist die Kunst, sagt der Hausherr.“ (S. 31/S. 28 f.)

Gärtner als Garant von Dauer und Stetigkeit

Leben im Kreislauf der Jahreszeiten

Der Gegensatz von Kultur und Natur im Roman

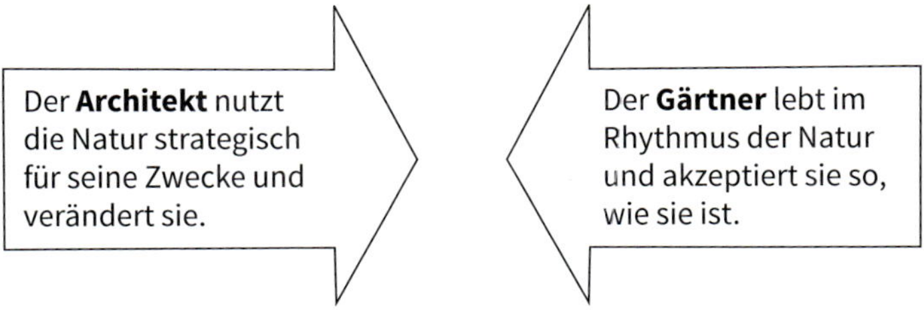

Beschützer der Natur

Während sich die Menschen nur wenige Jahre später Sorgen machen über die heranrückenden russischen Truppen, sorgt sich der Gärtner 1938 wegen des Kartoffelkäfers, der den Rhein überquert und seine geliebten Pflanzen bedroht. Mit großer Geduld sammelt er die gefräßigen Käfer von den Pflanzen und wird damit zum Beschützer und Retter der Natur. Gegenüber den politischen und historischen Ereignissen reagiert der Gärtner also mit einer natürlichen Gelassenheit. Die Gefahr der Kartoffelkäfer für seine Gartenpflanzen berührt ihn mehr als die eines angreifenden feindlichen Heeres.

Der Tuchfabrikant (S. 48 – 61/S. 45 – 58)

Zeit- und Ortssprünge

Leben der Juden und Jüdinnen in Deutschland zwischen 1933 – 1945

Familientafel: Funktion

Das Kapitel vom jüdischen Tuchfabrikanten, der dem Großbauern gemeinsam mit dem Architekten einen Teil von Klaras Grundstück abkauft, stellt erzähltechnisch die größte Herausforderung für die Lesenden dar. Denn hier findet mit nahezu jedem Abschnitt ein Zeit- oder Ortswechsel statt, der die Orientierung während der Lektüre erschwert. Das Kapitel erzählt das Schicksal einer jüdischen Familie in Deutschland zur Zeit des Nationalsozialismus (1933 – 1945), in der die jüdische Bevölkerung zuerst drangsaliert und diskriminiert, am Ende massiv verfolgt, gejagt und im Kontext des Holocausts systematisch in Konzentrationslagern ermordet wurde. Am Anfang des Kapitels wird den Lesenden eine Familientafel präsentiert, die im weiteren Verlauf zwei weitere Male wiederholt wird. Dabei werden die Namen von drei Generationen aufgezählt: Arthur, der ältere Tuchfabrikant, und seine Frau Hermine; Ludwig, der jüngere Tuchfabrikant, aus dessen Perspektive das Kapitel erzählt wird, sowie seine Schwester Elisabeth, die mit Ernst verheiratet ist. Deren Tochter Doris wird in einem der folgenden Kapitel („Das Mädchen") vorgestellt werden; bleiben noch Ludwigs Frau Anna sowie ihre zwei gemeinsamen Kinder Elliot und die kleine Elisabeth (vgl. S. 48/S. 45). Die

Auflistung der Namen ist eine Besonderheit, denn die meisten Figuren des Romans sind namenlos, sie werden nur schemenhaft mit ihrer Berufsbezeichnung vorgestellt, wie z. B. der Architekt oder die Schriftstellerin. Der Grund dafür ist, dass Jenny Erpenbeck das Schicksal der Figuren, die sie mit einem Namen versehen hat, besonders wichtig ist und diese nicht in Vergessenheit geraten sollen. Jenny Erpenbeck hat diese Erinnerungsfunktion von Namen in einem Interview selbst bestätigt: „Diejenigen, die nicht vergessen werden sollen, haben Namen bekommen."[1]

Namen sollen die Erinnerung an die Ermordeten wachhalten

Im Anschluss an die Familientafel wird eine idyllische Spielszene der Kinder in einem Garten geschildert, die sich – wie sich bald herausstellen wird – in Südafrika abspielt. Dorthin ist nämlich der jüngere Tuchfabrikant, der in den 1930er-Jahren dem Großbauern einen Teil des Seegrundstücks Klaras abgekauft hat, mit seiner Frau geflüchtet. Vorher hat er seinem Nachbarn, dem Architekten, seinen Teil des Seegrundstücks überaus günstig verkaufen müssen. Die jüdische Bevölkerung musste in Deutschland vor allem nach den „Nürnberger Gesetzen" (1935), die die Ausgrenzung und Verfolgung von Juden und Jüdinnen legitimieren sollte, immer mehr Einschränkungen in ihrem Alltag in Kauf nehmen. Ludwig, der jüngere Tuchfabrikant, ist so weitsichtig, dass er sich und seine Frau 1936 durch die Flucht nach Südafrika in Sicherheit bringen möchte. Im dortigen Exil werden auch ihre beiden Kinder geboren. Nun, zum Auftakt des Kapitels, bekommt die junge Familie im Ausland Besuch von Ludwigs Eltern, die sich für zwei Wochen in Kapstadt aufhalten, um dann wieder nach Deutschland zu Ludwigs Schwester Elisabeth, ihrem Mann Ernst und deren Tochter Doris zurückzukehren. Viele deutsche Juden und Jüdinnen konnten sich damals nicht vor-

Flucht aus Deutschland

Besuch der Eltern in Kapstadt

[1] www.duo.uio.no/bitstream/handle/10852/57231/Holum-Hansen-Master-Pdf.pdf?sequence=1 , S. 39 (Aufruf: 04.12.2023)

stellen, dass Hitler so weit gehen würde, einen systematischen Völkermord (Genozid) zu verüben. Sie hofften, die Zeit des Nationalsozialismus würde an ihnen vorüberziehen und sie könnten eines Tages ihr normales Leben in ihrer deutschen Heimat weiterführen. Dass diese Annahme ein Fehler ist, wird im Roman schon früh sprachlich deutlich: Mehrdeutige Anspielungen wie „Heim. […] Heil.“ (S. 49/S. 46) wecken im Lesenden ein ungutes Gefühl der Bedrohung. Das eigentlich positiv besetzte Wort „Heim“ wird in Zusammenhang mit dem nationalsozialistischen Wortschatz („Heil Hitler“) gebracht und verliert damit seine Unschuld. Ähnliche Assoziationen, Anspielungen und Doppeldeutigkeiten zeigen sich bei der Verwendung des ebenfalls allgemein positiv konnotierten Wortes „Paradies“. Denn als Ludwig im Garten mit der kleinen Elisabeth spielt, flüstert ihm diese ins Ohr: „Die Vertreibung ins Paradies.“ (S. 55/S. 52) Damit wird Südafrika als paradiesischer Ort, der landschaftlich sogar schöner als die deutsche Heimat ist, relativiert, denn Elisabeth macht deutlich, dass die Familie hier nicht freiwillig ist. Das Paradies Südafrika wird auch an einer weiteren Stelle entmystifiziert, sodass es als heile Welt nicht mehr vorstellbar ist. Denn der Rassismus, vor dem Ludwig aus seiner deutschen Heimat geflohen ist, findet sich auch im Land der Apartheid: „Hier muss sich sein Gärtner von einem Beamten einen Bleistift ins krause Haar stecken lassen. Der Bleistift hält. Daraufhin bekommt der Gärtner ein C in seinen Pass gestempelt, und ihm wird der Eintritt in öffentliche Parks verboten.“ (S. 55 f./S. 52 f.) Unter dem Begriff der Apartheid versteht man eine geschichtliche Episode der staatlich reglementierten und organisierten Rassentrennung in Südafrika, die durch die autoritäre und selbsterklärte Vorherrschaft der weißen, ursprünglich aus Europa stammenden Bevölkerungsminderheit gekennzeichnet war, die sich der Schwarzen Bevölkerung überlegen glaubte.

Anspielungen und Mehrdeutigkeiten

Wort „Heim“ verliert seine Unschuld

Auch Südafrika ist kein Paradies

Die Doppelbödigkeit der Flucht aus Berlin nach Kapstadt

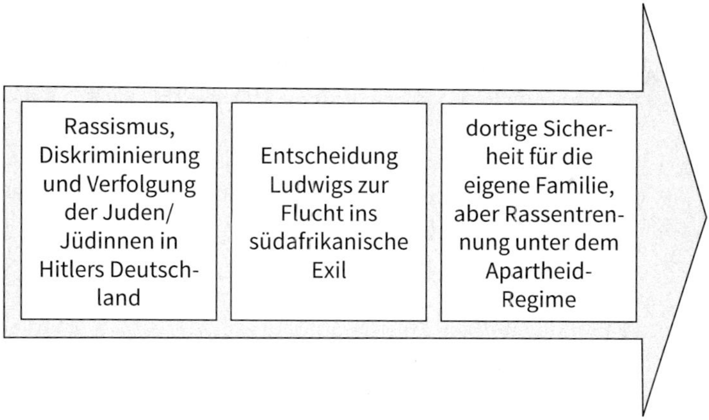

Der Traum vom glücklichen Leben im paradiesischen Südafrika wird auch durch weitere Indizien infrage gestellt. Während die dort geborenen Kinder in perfektem Englisch sprechen, spricht Ludwig in einer hybriden Mischsprache aus Englisch und Deutsch. Auf die Frage seiner Tochter, warum Lametta am Weihnachtsbaum hänge, antwortet ihr bemühter Vater: „It is supposed to look as if der Baum in einem verschneiten Winterwald stünde […].“ (S. 51/S. 48) An dieser Stelle wird die Verbindung von Heimat und Sprache deutlich. Der Mensch lässt sich nicht einfach so verpflanzen, sondern er nimmt Dinge, v. a. aber Vorstellungen und Emotionen aus der alten Heimat mit in sein neues Leben. Diese vergleicht er automatisch mit den Abläufen in der neuen Heimat, was zu Widersprüchen und einer ambivalenten Heimatvorstellung führt.

Sprachverlust und Kommunikationsprobleme

Auch symbolisch wird diese Ambivalenz deutlich: In der Hitze Südafrikas ist ein verschneiter Winterwald, wie ihn Ludwig aus Deutschland kennt, nicht einmal vorstellbar, und wenn in Deutschland Weihnachten gefeiert wird, ist

Symbolik: Weihnachtskerzen

Ludwigs Haus im sommerlichen Kapstadt auf der Südhalbkugel so „aufgeheizt, dass die Kerzen am Weihnachtsbaum sich schon wieder verbiegen" (S. 50/S. 46). Es gelingt also nicht, die alten heimatlichen Traditionen in die neue „Heimat" hinüberzuretten. Das ist ein weiterer Hinweis darauf, dass die Identität Ludwigs instabil oder sogar gebrochen ist. Ebenfalls symbolisch ist die Bedeutung der unterschiedlichen Baumarten, die in diesem Kapitel eine Rolle spielen, zu verstehen. Zwar liebt Ludwig das Rauschen der ihm bis dato unbekannten Eukalyptusbäume in Kapstadt, weil es ihn an die „Buchen, Linden oder Birken" (S. 52/S. 49) seiner alten Heimat erinnert. Dennoch sind Eukalyptusbäume ihm im Kern fremd, denn sie „rauschen lauter als alle anderen Bäume, die Ludwig jemals rauschen gehört

Symbolik: Baumarten

hat" (ebd./ebd.). Nicht zufällig ist die Wahrnehmung des Rauschens der Eukalyptusbäume eingebettet in die Erinnerung an das Pflanzen einer Weide, das Ludwig gemeinsam mit seinem Vater noch in Deutschland vornimmt. Denn die Weide lässt sich als Symbol der Trauer, des Todes und der Heimat interpretieren. Das hat seinen Ursprung wohl auch darin, dass die Äste der Trauerweide nach unten in Richtung Boden wachsen und damit dem Betrachter bzw. der Betrachterin einen kraftlosen und trauernden Eindruck vermitteln. Auch erzähltechnisch wird diese Unruhe durch das Hin- und Herspringen zwischen zwei Orten, der alten und der neuen Heimat, verdeutlicht. Die Schauplätze, aber auch die Zeitebenen sind in diesem Kapitel oftmals übergangslos ineinander verschachtelt und miteinander verzahnt. Häufig spielt der eine Absatz in Kapstadt (vgl. S. 55, Z. 20 ff./ S. 52, Z. 19 ff.) und der nächste am Berliner See (vgl. S. 56, Z. 8 ff./S. 53, Z. 9 ff.), an den Ludwig auch während des Besuchs seiner Eltern voller Sehnsucht und innerlich zerrissen denken muss. Selbst innerhalb eines Abschnittes finden derartige Wechsel statt, wie der folgende syntaktische Parallelismus verdeutlicht: „Die Hosen hochgekrempelt im Märkischen Meer. Die Hosen hochgekrempelt im Indischen Ozean." (S. 50/S. 47) Die Erzählung pendelt unaufhörlich zwischen den zwei Kontinenten hin und her. Dadurch wird die Unruhe, Rast- und Heimatlosigkeit der Familie besonders betont.

Pendeln zwischen zwei Orten

Syntaktischer Parallelismus

Allerdings sollte man nicht dem Trugschluss erliegen, dass Ludwig in seiner neuen Heimat nur unglücklich ist. Er ist dankbar für sein neues Leben und die Sicherheit seiner Familie, und er macht sich große Sorgen um seine Eltern, die am Ende des Kapitels fatalerweise zurück nach Deutschland reisen, statt in der Sicherheit Südafrikas zu bleiben. Zurück in Deutschland, erleiden sie das Schicksal vieler Millionen deutscher und europäischer Juden und Jüdinnen, das Erpenbeck in sachlich-nüchterner Form erzählt:

Rückkehr der Eltern nach Deutschland

„Zwei Monate, nachdem Arthur und Hermine im Kulmhof bei Litzmannstadt den Gaswagen bestiegen haben, nachdem Arthurs Augen aus ihren Höhlen getreten sind, während er erstickte, und Hermine im Todeskampf einer Frau, die sie nie vorher gesehen hat, auf die Füße geschissen hat, wird ihrer beider und ihres ausgewanderten Sohnes Ludwig in Deutschland zurückgebliebenes Vermögen eingezogen, werden sämtliche Sperrkonten aufgelöst und der Hausrat versteigert." (S. 60 f./S. 58) An dieser Stelle wird „Heimsuchung" Teil der Holocaust-Literatur, die sich mit der Frage der Darstellung der unfassbar grausamen und unmenschlichen Verbrechen der Nazis beschäftigt. Im Kapitel „Das Mädchen" (S. 79 ff./S. 74 ff.) wird bald das langsame Sterben der Nichte Ludwigs, Doris, in einem dunklen Versteck im Warschauer Getto im Mittelpunkt stehen. Wie dort versucht Erpenbeck, die Grausamkeit und Bösartigkeit des unvorstellbaren Verbrechens möglichst emotionslos zu schildern. Ihr Stil wirkt fast dokumentarisch. Wie eine Buchhalterin erzählt sie sachlich-nüchtern das, was ist. Eines Kommentares bedarf es nicht. Erpenbeck muss und will den Lesenden nicht explizit mitteilen, dass das Geschehen inhuman und grausam ist. Durch die sachliche Darlegung des Vorgangs im nüchternen Ton einer Chronik, die Fiktion und Dokumentation mischt, wirkt der erzählerisch beabsichtigte Kontrast umso verstörender auf die heutige Leserschaft.

Ermordung im Gaswagen

Der Roman als Holocaust-Literatur

Sachlich-nüchternes Schildern des Grauen

Der Gärtner 4 (S. 62 – 63/S. 59)

Das nur eine knappe Seite umfassende vierte Gärtner-Kapitel dient der Darstellung der Arbeit des Gärtners in und mit der Natur. Dabei erfolgt ein Zeitsprung in die Vergangenheit, wenn erzählt wird, wie der Gärtner dem Architekten hilft, das von Arthur und Hermine abgekaufte Seegrundstück zu erweitern. Bei seinen Grabungsarbeiten in der Natur kommt der Gärtner der Vergangenheit so nahe, dass er

Zeitlosigkeit

auf eine Sandschicht stößt, über die „vor Jahrtausenden" (S. 62/S. 59) der Wind strich. Dadurch wird die Zeitlosigkeit, die seine Figur umgibt, betont. Es wird deutlich, dass es dem Gärtner darum geht, die Schönheit der Natur herauszuarbeiten. Er „füllt Komposterde" in die Beete, „damit die Obstbäume gut gedeihen, […] schüttet Mutterboden auf und sät Gras zwischen den jungen Bäumen" (ebd./ebd.). Alle seine Tätigkeiten sind also darauf ausgerichtet, der Natur beizustehen. Fast wirkt er so wie deren heimlicher Partner.

Partner der Natur

Die Frau des Architekten (S. 64 – 76/S. 60 – 72)

Auch dieses Kapitel wird streng aus der Sicht einer Figur erzählt: Die Frau des Architekten, dem im Roman das zweite Großkapitel (vgl. S. 34 ff./S. 31 ff.) gewidmet ist, reflektiert aus der Retroperspektive ihr Leben. Dabei kommen insbesondere die kritischen Gedanken und Ideen zum Ausdruck, für die im Kapitel ihres dominanten und selbstbewussten Ehemannes kein Platz ist. Zu Beginn blickt die Frau auf ihre Kindheit zurück und erinnert sich daran, was für ein lebhaftes und witziges Kind sie gewesen ist: „Sie nieste, prustete oder spuckte, und die anderen lachten." (S. 64/S. 60) Abwertend spricht sie über die traditionellen Lebensentwürfe ihrer unter den Schwangerschaften „fett" (ebd./ebd.) werdenden Schwestern. Sie hingegen sieht sich als Freigeist, „immer und ewig auf Tournee" (ebd./ebd.). Ihrem Wesen als Kind entsprach es, „auf dem Hochseil zu balancieren oder Löwen zu zähmen" (ebd./ebd.). Als junger Mensch hatte die Frau des Architekten also den für eine Frau der damaligen Zeit ungewöhnlichen Traum, ein freies Leben fern von gesellschaftlichen Regeln und Konventionen zu führen. Doch dieser Traum erfüllt sich nicht, weil ihr Vater dafür sorgt, dass seine Tochter eine „Ausbildung zur Stenotypistin" (ebd./ebd.) absolviert. Statt frei und ungebunden in der Welt umherzureisen, nimmt ihr Leben also einen ganz anderen als den von ihr geplanten Verlauf.

Rückblick auf das eigene Leben

Risikobereitschaft und Mut in der Kindheit

Zwischen Traum und Wirklichkeit: Die Frau des Architekten

Wünsche und Träume ↑	„lachen und reisen", „immer und ewig auf Tournee", „Löwen zähmen" (S. 64/S. 60)	„Ausbildung zur Stenotypistin" (S. 64/S. 60), „Schreibmaschineschreiben", „auf der Terrasse sitzen" (S. 65/S. 61)	Realität ↓

Sie lernt „Schreibmaschineschreiben" (S. 65/S. 60), um in ihrem einfachen Beruf den männlichen Chefs zu dienen. Dabei lernt sie ihren jetzigen Mann, den Architekten, kennen, der anfangs noch mit einer anderen Frau verheiratet ist, mit welcher er auch Kinder hat. Ihrem Ehemann widmet sie ihr Leben, das völlig konventionell abläuft. Damit ist die Kernproblematik ihres Lebens bereits auf den ersten Seiten entfaltet: Aus einer abenteuerlustigen, risikobereiten und träumerischen jungen Frau, die ihr Leben als Löwenbändigerin und Zirkusprinzessin fantasiert, wird die gesetzte, gesellschaftlich anerkannte Frau eines bekannten Berliner Architekten, mit dem sie gemeinsam in ihrem Haus am See gesellige Partys gibt. Verbittert und desillusioniert blickt sie zurück und stellt fest, dass sie damals nie geglaubt hätte, dass „eines der größten Abenteuer darin bestehen könnte, geheiratet zu werden" (ebd./ebd.). Während sie ihre Kindheit als von Lachen und Glück erfüllt beschreibt (vgl. S. 64/ebd.), „borgte sich das Weinen mehrere Abende hintereinander vom Lachen ihren Körper" (S. 65/S. 61). Diese Personifikation verstärkt den Eindruck, dass die nun erwachsene Frau des Architekten ein unglücklicher Mensch ist. Auch auf den Folgeseiten nimmt das Wei-

Wendung hin zu einem konventionellen Leben

Unglück als Erwachsene

nen daher einen hohen Stellenwert ein. Es steht im Kontrast zum Motiv des Lachens in ihrer Kindheit, welches das damalige Glück und die Hoffnung auf ein erfülltes Leben symbolisiert.

Motivische Gegensätze im Kapitel „Die Frau des Architekten“

Lachen in der Kindheit: Ausdruck von Lebensfreude, Hoffnung und Glück

Weinen in der Gegenwart: Ausdruck von Enttäuschung und Hoffnungslosigkeit

Weitere Gegensätze prägen ihre Erinnerungen. Diese sind in der Kindheit gefüllt mit Bewegung und Unruhe, sie sieht sich als Kind „immer und ewig auf Tournee“ (S. 64/S. 60). Nun aber ist ihr stetiges und monotones Leben geprägt von Ruhe, wenn sie „mit ihrem Mann und ein paar Freunden draußen auf der Terrasse“ (S. 65/S. 61) sitzt. Sie scheint in dieser Zeit ihr Leben im Haus am See durchaus zu genießen und dort eine Heimat gefunden zu haben. Dass sie sich hier etwas vormacht, wird durch kleine Details der Erzählinstanz deutlich. So lässt der Architekt auf dem Balkongitter vor dem Zimmer seiner Frau ein „eisernes Vögelchen“ (S. 67/S. 63) anschmieden, an dem sie sich festhält. Während der Vogel ein Symbol für die Freiheit ist, steht das geschmiedete Eisen für Festigkeit, Dauer und Bewegungslosigkeit. Das eiserne Vögelchen kann also als eine Art gebrochenes Symbol gedeutet werden, das die Frau des Architekten daran erinnert, welche Pläne sie einmal für ihr Leben hatte, die nun ad acta gelegt sind. Ähnlich lassen sich die „Scheiben aus buntem Glas“ (ebd./ebd.) deuten,

Symbole: eisernes Vögelchen

bunte Glasscheiben

die etliche Fenster des Hauses schmücken. Die bunten Farben des Glases stehen dabei für die Vielfalt des Lebens, doch die Frau des Architekten kann diese nicht erfahren, da sie sich für ein konventionelles Leben als schmückendes Beiwerk ihres angesehenen Mannes entschieden hat. Auch das am Bett stehende Telefon lässt sich symbolisch interpretieren: Es steht für ihren Wunsch, mit der Außenwelt zu kommunizieren, während sie den ganzen Tag isoliert im Haus am See darauf wartet, dass ihr in Berlin arbeitender Mann abends zu ihr zurückkehrt. Für ihn verzichtet sie auch auf Kinder: „Dass für Kinder kein Zimmer vorgesehen war, verstand sich für beide von selbst." (Ebd./Ebd.) Stattdessen entwickelt sie gemeinsam mit ihrem Mann eine große Kunst darin, ihre Partygäste professionell und witzig zu unterhalten. Doch der auf den ersten Blick erfolgreiche Smalltalk erfüllt ihr Leben in Wirklichkeit nicht mit Sinn: „So vertreiben der Architekt und seine Frau an vielen Abenden sich selbst und ihren Gästen die Zeit." (S. 68/S. 64) Dass diese in der Mitte ihres Lebens entwickelten Angewohnheiten ein Fehler waren, ist der Frau nun, als sie auf ihr Leben zurückblickt, klar geworden. Sie, ursprünglich ein Mensch mit einer „angeborenen Lust an der Bewegung" (ebd./ebd.), widmet sich der „Sesshaftigkeit" (ebd./ebd.), um heimisch zu werden und ihr Glück zu finden. Doch das Glück ihrer Kindheit stellt sich im Erwachsenenalter nicht ein, obwohl die materiellen Bedingungen dafür allemal erfüllt sind. Ihre Vorstellungen von einer glücklichen Heimat entpuppen sich also als Illusion, und sie bricht am Ende des Kapitels in sich zusammen, sodass sie ihr Gefühl für Entwicklung und Zeit verliert: „Alles wie eins. Heute kann heute sein, aber auch gestern oder vor zwanzig Jahren […]." (S. 70/S. 66) Die Enttäuschung über ihr gelebtes Leben spiegelt sich dann in den Erinnerungen an die belastenden Erfahrungen während des Zweiten Weltkrieges, die von Entbehrungen geprägt waren. Als am Ende des Krieges die russische Ar-

Telefon

Empfinden von Zeitlosigkeit

Geheimnisvolles Schlüsselerlebnis mit Rotarmisten

mee, deren Soldaten man Rotarmisten nennt, auf die deutsche Hauptstadt Berlin vorrücken, versteckt sich die Frau des Architekten im Haus „im begehbaren Schrank hinter der doppelten Tür“ (S. 73/S. 69). Was dort passiert, wird in diesem Kapitel nur angedeutet: „Und dann war der Russe gekommen.“ (Ebd./Ebd.) Erst im Kapitel „Der Rotarmist“ (vgl. S. 94 ff./S. 89 ff.) erschließt sich den Lesenden, dass es zwischen der Frau des Architekten und dem jungen Soldaten zu einem sexuellen Gewaltakt kommt, bei dem das Wort „Mama“ (S. 100/S. 95) ausgesprochen wird. Es ist dieses Schlüsselwort, das „undenkbare Wort“ (S. 73/S. 70), das die Frau zutiefst berührt und in ihr die Erkenntnis reifen lässt, dass der Hauptfehler ihres Lebens darin besteht, ihrem Ehemann zuliebe auf eigene Kinder und die Mutterschaft verzichtet zu haben.

Abrupter Wechsel des Themas

Die erschütternden Erinnerungen werden – typisch für die Erzählweise Erpenbecks – im nächsten Absatz durch die Schilderung einer Party abgelöst, auf der Witze erzählt werden, die sich um die Frage drehen, ob man dem Führer und Diktator Adolf Hitler zuliebe Kinder bekommen sollte. Der Architekt antwortet hierauf: „Meine Frau war praktisch im Widerstand.“ (S. 75/S. 71) Die Aussage macht deutlich, dass der Mann von den Sorgen und Nöten seiner Frau nichts weiß oder auch nichts wissen möchte. Ihm fehlt es an Empathie und Einfühlungsvermögen.

Empathielosigkeit des Ehemanns

<table>
<tr><th colspan="2">Die Heimatvorstellungen des Architekten und seiner Frau</th></tr>
<tr><td>Er …
… verwirklicht sich selbst und findet seine Identität im Beruf und im Bau des Hauses.</td><td>Sie …
… unterdrückt ihre innersten Wünsche und Vorstellungen und verzichtet auf die Mutterschaft.</td></tr>
<tr><td colspan="2">⬇
starker Kontrast zwischen seiner Aktivität und ihrer Passivität</td></tr>
</table>

Ein guter Witz im Beisein seiner Gäste ist ihm offensichtlich wichtiger als das Lebensglück der eigenen Frau. Mit dieser Einsicht erinnert sich der Lesende an die Geschichte vom Großbauern und seinen vier Töchtern. Auch hier findet sich die feministische Kritik an einer männlich dominierten Gesellschaft, in der Frauen festen Regeln zu folgen haben, weshalb es ihnen nicht möglich ist, eine eigene Identität und personale Autonomie zu gewinnen.

Feministische Kritik an patriarchalischer Gesellschaft

Die Frau des Architekten sitzt in der Schlussszene des Kapitels 1951 vor ihrem Haus und blickt nachdenklich auf den See. Die Erzählinstanz informiert über das Ende ihres Lebens: „Bald wird sie in einer Zweizimmerwohnung in Westberlin leben, und später in einem Altersheim in der Nähe des Bahnhofs Zoo.“ (S. 76/S. 72) Das ist traurig, denn ihr ebenfalls in den Westen geflüchteter Mann scheint ihr nicht nahe zu sein. Verbittert und desillusioniert verfügt sie deshalb testamentarisch, dass sie das Haus „ihren Nichten vererben“ (ebd./ebd.) will: „Jedenfalls keinem Mann.“ (Ebd./Ebd.) Diese letzten drei Worte beenden das Kapitel über einen Menschen, der – wie ihr Mann und der Tuchfabrikant zuvor – ebenfalls keine Heimat findet. Dauerhaftes Lebensglück bleibt auch dieser Figur verwehrt, weil sie sich passiv an die Heimatvorstellungen ihres Mannes angepasst hat, statt aktiv die persönlichen Wünsche zu verwirklichen.

Sterben in Einsamkeit und fern des Hauses am See

Verbitterung

Der Gärtner 5 (S. 77 – 78/S. 73)

Auch das fünfte kurze Gärtner-Kapitel präsentiert den gesellschaftlichen Außenseiter als eifrigen Arbeiter in und mit der Natur, der bei der Errichtung eines Bienenhauses für zwölf Bienenvölker (vgl. S. 77/ebd.) behilflich ist. Auch die Technik der Imkerei beherrscht der Gärtner und er fühlt sich den fleißigen Tieren so nah, dass er „mit Erlaubnis des Hausherrn“ (ebd./ebd.) zu diesen zieht.

Bau eines Bienenhauses

Das ist kein Zufall. Denn Bienen haben den Ruf, selbstlos in einer perfekten Gemeinschaft zu leben und mit- bzw. fürei-

Symbolik der perfekten Gesellschaft

nander zu arbeiten. Viele fleißige Arbeiterinnen im Bienenstock verzichten sogar auf eigene Nachkommen und opfern ihr Leben für die Verteidigung des Volkes. Das unterscheidet sie von egoistischen Menschen, denen ihr eigenes Glück am wichtigsten ist. Erneut entfernt sich der Gärtner also symbolisch von den Menschen und sucht die Nähe zur Natur und zu deren Abläufen.

Das Mädchen (S. 79–92/S. 74–87)

Die Geschichte des zwölfjährigen Mädchens Doris beschreibt das wohl erschütterndste Schicksal aller Figuren des Romans. Die Lesenden haben sie bereits im Kapitel vom jungen Tuchfabrikanten kennengelernt, dessen Nichte sie ist. Anders als ihrem Onkel Ludwig gelingt dem jüdischen Mädchen und ihren Eltern, Ernst und Elisabeth, die Flucht aus dem nationalsozialistischen Deutschland, wo

Doris: Nichte des Tuchfabrikantenn (Onkel Ludwig)

die jüdische Bevölkerung verfolgt und schließlich ermordet wird, nicht.

Streng personales Erzählen

Zu Beginn des Kapitels, das streng aus der personalen Sicht des Mädchens erzählt wird, befindet sie sich völlig allein und auf sich gestellt in einer winzigen und absolut dunklen Kammer in der Nowolipiestraße im Warschauer Getto. Im Herbst 1940 begannen die deutschen Besatzer, im Warschauer Stadtviertel Muranow ein Getto zu errichten, also ein abgeschlossenes und streng überwachtes Stadtviertel, in welchem die jüdische Bevölkerung eingepfercht wurde und leben musste. Nach der Ausreise ihres Onkels nach Südafrika, dem gescheiterten Versuch ihrer Eltern, nach Brasilien auszuwandern, dem Abtransport der Großeltern sowie dem Tod des Vaters ist das Mädchen nun völlig auf sich gestellt, denn die Mutter ist von einem Streifzug in die Stadt nicht wieder zurückgekehrt und vermutlich ebenfalls von NS-Trupps gefangengenommen worden. Die äußere Situation des Mädchens, das auf einer „kleinen Kiste sitzt“ (S. 79/S. 74) und deren Knie an „die gegenüberliegende Wand stoßen“ (ebd./ebd.), erinnert an den Einschluss in einen Sarg. In dieser Situation der absoluten Passivität bleibt ihr nichts anderes übrig, als nachzudenken und sich an vergangene Zeiten zu erinnern. Da Gegenwart und Zukunft furchterregend sind, wendet das Mädchen sich der Vergangenheit zu. Diese Erinnerungen kontrastieren im gesamten Kapitel mit der völligen Dunkelheit ihres Gefängnisses, die ihre Existenz immer stärker reduziert: „Farbig ist nur noch das, woran sie sich erinnert, mitten in dieser Dunkelheit, die sie umgibt, deren Kern sie ist, farbige Erinnerungen hat sie in ihrem vom Licht vergessenen Kopf, Erinnerung an jemand, der sie einmal war.“ (S. 80/S. 74)

Gefangen im dunklen Versteck im Warschauer Getto

Zwang zur Reflexion

Die Strukturierung des Kapitels durch Kontraste

Die äußere Situation ↑			Die innere Situation ↓
	Doris befindet sich in absoluter Dunkelheit in ihrem geheimen Versteck in der Nowolipiestraße in Warschau: „Rings um sie ist alles schwarz […].“ (S. 79/S. 74)	„Doris hat farbige Erinnerungen“ (S. 80/S. 74) in ihrem Kopf und denkt an ihr vergangenes Leben und daran, wer sie einmal war und was sie erlebt hat.	

Erinnerungen an glückliche Kindheit am See

Doris’ erster gedanklicher Ausflug aus ihrer verzweifelten äußeren Situation führt an den Scharmützelsee im Berliner Umland, an dem sie einige Sommer verbracht und eine glückliche Zeit im Kreise ihrer Familie, die nun nicht mehr da ist, verlebt hat. Ihre Gedanken an das kleine Paradies am See kreisen hier anfangs um das Schwimmen im frischen Wasser, das auch in anderen Kapiteln des Romans ein Symbol für Freiheit und die aktive Aneignung von Heimat ist. In ihrer gegenwärtigen Lage ist genau dies nicht mehr möglich, sodass Doris die Natur und die Idylle des Sees nur in ihrem „Kopf“ (S. 81/S. 75) besuchen kann, als „Erinnerungen an Tage, an denen das ganze Blickfeld mit Farben ausgefüllt war bis an die Ränder“ (ebd./ebd.). Doch die nur vorgestellte Idylle und Harmonie halten nie lange vor. Nach jedem Absatz erfolgt ein Sprung zurück in die desillusionierende Gegenwart. Dabei handelt es sich um ein erzähltechnisches Mittel Erpenbecks, das einerseits die erste Lektüre und die notwendige Orientierung erschwert, andererseits immer wieder dafür sorgt, dass die Hoffnung auf Rettung nach und nach verschwindet. Zurück in der Gegenwart erhalten die Lesenden Informationen über die brutale Räumung des Gettos durch die Deutschen, der nur das jun-

Erzählsprünge

ge Mädchen anfangs nicht zum Opfer fällt. Hier wird die Inaktivität deutlich, in die Doris gezwungen wird: „Die Menschen aus den Zimmern sind fort, und auch unten auf der Straße geht niemand mehr, zieht niemand mehr einen Karren, niemand redet mehr, schreit oder weint, nicht einmal der Wind ist zu hören, kein Fenster schlägt zu, keine Tür." (S. 82/S. 77) Aktivität ist also nicht mehr möglich, und genau dieser Mangel führt bei Doris schleichend zu einem Heimat- und Identitätsverlust. Das Mädchen flüchtet zwar zu Beginn in eine der Vergangenheit angehörende Traumwelt, aber es weiß um seine Aussichtslosigkeit. Die klaren und sachlich vorgetragenen Worte aus dem Munde eines unschuldigen zwölfjährigen Mädchens erschüttern die Lesenden: „Jetzt ist es nur noch ein kleiner Übergang, der ihr bevorsteht. Entweder verhungert sie hier in ihrem Versteck, oder sie wird gefunden und abtransportiert." (Ebd./Ebd.)

Inaktivität führt zu Heimat- und Identitätsverlust

Diese radikale Einsicht in die Unvermeidbarkeit des eigenen Schicksals und drohenden Todes verändert auch die Heimatvorstellung des Mädchens. Anfangs fantasiert sie sich gedanklich zurück in ihre schöne Kindheit und die Tage, die sie im Kreise der Familie in dem Haus am See ihres Onkels, des jungen Tuchfabrikanten, verbracht hat. Sie erinnert sich auch an den misslungenen Versuch ihrer Familie, „nach Brasilien" (S. 84/S. 79) auszureisen und so dem Terror der Nazis zu entkommen. Doch dieses örtliche und reale Bild von Heimat wird im Verlaufe des Kapitels immer weniger und von einem neuen, nun religiös geprägten Heimatbild verdrängt. Schon früh denkt sie – vom Tode bedroht – an das „ewige[…] Leben" in einem „versunkenen Himmel" (S. 80/S. 75). Auch die eigene Selbstbefragung, die Doris vornimmt, enthält religiöse Anklänge: „War das Leben noch heil?" (S. 83/S. 78) Schließlich, nachdem das Mädchen von deutschen Soldaten aufgespürt, verhaftet wird und kurz vor ihrer Hinrichtung steht, gehen „alle endlich für immer heim" (S. 90/S. 85). Und unmittelbar vor ihrer Hinrich-

Veränderung der Heimatvorstellung

Nähe zur Religion

tung ist ihre rhetorische Frage ebenfalls religiös konnotiert: „Ist sie tatsächlich nach Hause gekommen?“ (Ebd./Ebd.)
Im nächsten Absatz erhalten die Lesenden weitere Hintergrundinformationen über das kurze Leben des Mädchens, das im Übrigen keine rein fiktive, also ausgedachte literarische Figur ist, sondern an das Schicksal der realen Doris Kaplan erinnern soll, der Jenny Erpenbeck den gesamten Roman widmet: „Für Doris Kaplan.“ (S. 5/S. 5) Dokumentarisches und Fiktives werden in diesem Kapitel also miteinander vermischt. Das Fehlen einer klaren Trennungslinie zwischen Realität und Fiktion ist in der literaturwissenschaftlichen Forschung zur Holocaust-Literatur umstritten, denn es stellt sich die Frage, ob es legitim und moralisch verantwortbar ist, das reale Schicksal eines Menschen, der sein Leben im Holocaust verloren hat, für einen ästhetischen Moment des Schocks zu nutzen. Die Frage, ob über ein derartig grausames Verbrechen wie den Holocaust überhaupt künstlerisch gesprochen werden kann oder aber andere Formen der Darstellung geeigneter erscheinen, wird im Kap. „Der Roman als Teil der Holocaust-Literatur“ (vgl. S. 126 ff.) behandelt.

Widmung des Romans

Problematik der Holocaust-Literatur

Beschrieben wird, wie das in Guben aufgewachsene Mädchen von ihren Eltern allein „nach Berlin geschickt“ (S. 86/S. 81) wird, während der Vater „zur Zwangsarbeit beim Autobahnbau“ (ebd./ebd.) eingezogen wird, die er nicht überlebt. Symbolisch lässt sich die Anekdote deuten, in der Doris beschreibt, wie sie auf dem Schwarzmarkt einen Roman mit dem Titel „Heimatlos“ ersteht. Das scheinbar zufällig erstandene Buch ist eine Vorausschau in die Zukunft, denn genau eine solche Heimatlose wird Doris am Ende sein. Doch das Mädchen hat ein Kämpferherz und gibt nicht auf, sie leistet Widerstand. Es sind die Erinnerungen an das Haus am See, die sie weiterhin am Leben halten: „Auf Onkel Ludwigs Grundstück kann sie noch immer von Baum zu Baum gehen und sich hinter den Büschen ver-

Biografie

Anekdote

stecken, auf den See blicken und wissen, dass der See noch da ist. Und solange sie noch irgendetwas auf dieser Welt kennt, ist sie noch nicht in der Fremde." (S. 87/S. 82) Neben den Erinnerungen an ihr altes Leben sollen auch die Benennungen des Eigentums ihre Existenz beglaubigen. Ihr Kinderbett – „laufende Nummer 48, für Mk. 20 an Frau Warnitschek aus der Neustädter Straße 17 versteigert" (S. 88/S. 83) –, aber auch „ihre Kakaokanne, laufende Nummer 119, an Herrn Schulz aus der Alten Poststraße 42" (ebd./ebd.) sind Dinge, an denen sie die Tatsache festmacht, einmal etwas besessen und damit nachweislich und aktenkundig existiert, gelebt zu haben. Auch die mehrmalige Wiederholung ihres Namens – „Doris Tochter von Ernst und Elisabeth zwölf Jahre alt geboren in Guben" (S. 79/S. 74) – dient dieser Form von Selbstvergewisserung. Dabei handelt es sich um ein Verfahren, das Erpenbeck auch im Kapitel vom Tuchfabrikanten nutzt. Dort sind es die drei Familientafeln, die alle Familienmitglieder in ungewöhnlicher Form beim Namen nennen und so dafür sorgen, dass sie als ermordete Opfer des nationalsozialistischen Terrors nicht in Vergessenheit geraten: „Hermine und Arthur, seine Eltern. Er selbst, Ludwig, der Erstgeborene. Seine Schwester Elisabeth, verheiratet mit Ernst. Die Tochter der beiden, seine Nichte, die Doris." (S. 59/S. 56)

Formen von Selbstvergewisserung: Eigentum und Namen

Orte und Gegenstände	Eigen- und Familiennamen
„Gurkenberg und Schwarzes Horn […]. Und Mindachs Berg." (S. 80/ S. 75)	„Sie Doris Tochter von Ernst und Elisabeth zwölf Jahre alt geboren in Guben." (S. 79/S. 74)
„An diesem Abend schon ruhten all die Bettlaken von Ernst, Elisabeth und Doris, je paarweise ersteigert, […] in den Wäscheschränken der Familien Wittger, Schulz, Müller, …" (S. 89/S. 84)	„Hermine und Arthur, seine Eltern. Er selbst, Ludwig, der Erstgeborene. Seine Schwester Elisabeth, verheiratet mit Ernst. Die Tochter der beiden, seine Nichte, die Doris." (S. 59/S. 56)
⬇ **Akte der Selbstvergewisserung und des Noch-da-Seins**	

Entdeckung Doris' in ihrem Versteck

Schließlich ist es ein natürliches Bedürfnis, dass zur Entdeckung des Mädchens in seinem Versteck führt. Deutsche Soldaten bemerken beim Besuch der Wohnung, in der sich Doris versteckt hält, ein „Rinnsal auf dem Küchenfußboden" (S. 89/S. 85), das einen „kleinen See gebildet" (ebd./ebd.) hat. Als sie weggeführt wird, steht ihr „die Sonne im Rücken" (S. 90/ebd.), während sie sich in ihren Erinnerungen an die Sommerzeit am See zuvor die Sonnenstrahlen ins Gesicht fantasierte. Dies ist ein symbolischer Hinweis auf ihren kommenden Tod, denn die Sonne gilt gemeinhin als Symbol für das Leben. Von diesem nimmt das Mädchen nun ganz unsentimental Abschied. Auch ganz am Ende ihres Lebens leistet sie den Widerstand, zu dem sie in der Lage ist. In Gedanken flieht sie noch einmal an den märkischen See und erinnert sich an eine lustige Anekdote über den damals weltberühmten deutschen Boxer Max Schmeling, der in unmittelbarer Nachbarschaft lebte (vgl. ebd./ebd.). Der Transport des Mädchens in ein Vernichtungslager und die dort schnell folgende Ermordung im Kontext des Holocausts werden am Ende des Kapitels in kaum erträglicher sachlicher, nahezu neutral berichtender Form

Symbol: Sonne

beschrieben: „Von den hundertzwanzig Menschen im Waggon ersticken während der zweistündigen Fahrt ungefähr dreißig.“ (Ebd./S. 86) Zwei Minuten wartet das Mädchen lächelnd auf seine Erschießung. Selbst diese unmenschlichen und unzumutbaren Augenblicke füllt das bis zum letzten Moment inneren Widerstand leistende Mädchen mit Erinnerungen an das Glück der Vergangenheit: „Zwei Minuten wölbt sich über ihr ein leicht bewölkter weißlicher Himmel, so wie am See immer kurz vor dem Regen, zwei Minuten lang atmet sie den Geruch nach Kiefern ein, den sie so gut kennt, nur die Kiefern selbst kann sie wegen des hohen Zauns nicht sehen. Ist sie tatsächlich nach Hause gekommen?“ (S. 91/ebd.) Dann stellt sie sich „auf das Brett“, um „sich erschießen zu lassen“ (ebd./ebd.). Hier wird deutlich, dass die Doris-Episode im Vergleich zu allen anderen Kapiteln aus dem Rahmen fällt, denn an keiner anderen Stelle kommt Erpenbeck so nah an eine Figur heran wie in diesem intimsten und erschreckendsten Moment des Todes.

Doris' Erinnerungen vor ihrer Ermordung

In nahezu lyrischen Worten nutzt sie ein letztes Mal die für Freiheit und Glück stehende Wasser- und Schwimm-Symbolik und stellt sie in den Dienst der Empfindungen und Wahrnehmungen des unschuldigen Kindes: „Nichts Schöneres, als mit offenen Augen zu tauchen. Hinzutauchen bis zu den schimmernden Beinen von Mutter und Vater, die eben schwimmen waren und nun durch das flache Wasser zurück zum Ufer waten. Nichts Schöneres, als sie zu kitzeln und, durchs Wasser gedämpft, zu hören, wie sie kreischen, um ihrem Kind eine Freude zu machen.“ (Ebd./S. 87)

Symbolik: Wasser und Schwimmen

Der Gärtner 6 (S. 93/S. 88)

Das nur eine halbe Seite umfassende sechste Gärtner-Kapitel präsentiert den Gärtner erneut als Kümmerer, der für die Hausherrin – es handelt sich um die Frau des Architekten – abgelagerte Holzscheite zum Heizen während des kalten Winters in das Haus am See bringt. Zugleich kümmert er sich um die Natur und „beschneidet Apfel und Birne“ (S. 93/S. 88). Die wenigen Sätze dieses Kapitels dienen den Lesenden auch zur zeitlichen Einordnung des Geschehens, denn es wird beschrieben, wie „die Russen kommen“ (ebd./ebd.). Ende Januar 1945 stand die Rote Armee entlang der Oder knapp 80 Kilometer vor der deutschen Hauptstadt, deren Eroberung das ausgegebene Kriegsziel der sowjetischen Führung unter dem Diktator Josef Stalin war. Im Februar und März 1945 wurden daher rund 2,5 Millionen russische Soldaten, sogenannte Rotarmisten, rund um Berlin in Stellung gebracht. Etwa zu dieser Zeit spielt demnach das Geschehen, denn ein Trupp Rotarmisten nimmt das Haus am See im Berliner Umland in Beschlag. Sie stellen „an die zweihundert Pferde in den Garten“ (ebd./ebd.), die mit ihrem Hufscharren den Boden zerwühlen und alles „fressen, was sich ihnen ringsum an Futter bietet: die frischen Blätter und Blüten des Forsythienstrauchs, die jungen Triebe der Tannenbüsche und die Knospen von Hasel und Flieder“ (ebd./ebd.). Dadurch wird deutlich, dass der Krieg nicht nur ein Feind des Menschen ist, indem er ihn brutalisiert und tötet, sondern ebenfalls ein Feind der Natur. Denn diese wird zerstört oder derart beschädigt, dass sie im kommenden Sommer keine Blüte oder Frucht bringen wird.

Zeitliche Verortung: Anfang 1945

Krieg als Gefahr für den Menschen und die Natur

Während einige der bisherigen Gärtnerkapitel das bereits geschilderte Geschehen häufig indirekt kommentiert haben, dient dieses nun als eine Art Ankündigung des Kommenden. Denn das folgende Großkapitel handelt von einem der russischen Soldaten, die auf ihrem Zug nach Berlin am Haus am märkischen See Halt machen.

Ankündigung des Kommenden

Der Rotarmist (S. 94–106/S. 89–101)

Mit der Figur des Rotarmisten kommt der Schrecken des Zweiten Weltkrieges direkt in das Haus am See, das bisher wie eine Oase des Friedens den gesellschaftlichen und politischen Herausforderungen gegenüberstand. Der Architekt baut das Haus am See als eine Art Refugium, um dem Stress des Berliner Arbeitslebens, dem er unter der Woche ausgesetzt ist, zu entkommen. Das Haus am See aber kann der großen Heimsuchung des Krieges nicht standhalten, wie durch die Erlebnisse eines jungen Rotarmisten mit der im Haus sich versteckt haltenden Frau des Architekten deutlich werden wird. Der Sehnsuchtsort wird, wie wir sehen werden, zu einem Ort der Gewalt. Man kann auch deshalb durchaus davon sprechen, dass das Kapitel vom Rotarmisten den Krieg und seine Folgen für das Individuum in den Blick nimmt und kommentiert.

Haus am See als Ort der Gewalt

Zu Beginn wird die Ankunft des militärischen Kampftrupps der Rotarmisten am Haus am Scharmützelsee beschrieben. Diese hat einen zerstörerischen Charakter, da der Garten durch die Pferde verwüstet und das Haus verunstaltet wird: „Im Haus stinkt es nach den Ausscheidungen seiner Leute. Je reicher die Häuser, in denen sie Quartier machen, desto mehr wird geschissen, als müsse auf diese Weise irgendetwas, das aus dem Lot ist, wieder richtig gerückt werden.“ (S. 94/S. 89) Auch dem jungen, wütenden Rotarmisten geht es zu Beginn vor allem um Rache an den Deutschen, die seine Familie auf dem Russlandfeldzug ermordet haben, er „selbst pinkelt vom Balkon herunter und scheißt in den Garten“ (ebd./ebd.). Die Lesenden werden in der Folge über die Ursache seines Hasses informiert: Der 15-jährige junge Mann hat sich freiwillig zum Wehrdienst gemeldet, „nachdem seine Mutter, sein Vater und seine Schwestern von den Deutschen umgebracht“ (S. 95/S. 90) worden sind. Die Trauer und der Hass sind also sein Antrieb für das „Wüten in der Fremde“ (ebd./ebd.), denn mit seiner Familie hat der junge Mann seine Heimat verloren. Sachlich-nüchtern werden die Brutalität und Grausamkeit des Krieges kommentarlos geschildert, wodurch der Rotarmist als ein

Beschmutzung der Natur

Ursache des Hasses

Trauma: Ermordung der Familie

Opfer dargestellt wird: „Die Hände, Brüste und die Augen seiner Mutter waren im Haus verbrannt." (S. 96/S. 91)
Als Einziger seines Trupps bezieht der junge Rotarmist ein Zimmer im Haus. Dort öffnet er mehrmals den flachen Schrank und zieht einen nach Pfefferminz und Kampfer riechenden Morgenmantel an, „zieht ihn an sein Gesicht, reibt ihn zwischen den Fingern […], atmet Pfefferminz und Kampfer tief ein, bevor er den Schrank schließt und sich aufs Bett legt" (S. 97/ebd.). Sein seltsames Verhalten kann als Ausdruck seiner Sehnsucht nach Heimat und Normalität interpretiert werden.
In der folgenden Nacht nimmt er „ein Geräusch, ein Rascheln wie von Mardern, die im Dachboden ihre Nester haben" (ebd./S. 92), wahr. Als er nachschaut, entdeckt er eine Frau, die sich versteckt hält. Es handelt sich um die Frau des Architekten, die offensichtlich allein und ohne ihren Ehemann im Haus am See hofft, den Wirren und Gefahren des Krieges aus dem Weg zu gehen. Ein Trugschluss, wie sich schnell zeigen wird. Denn der junge Soldat geht dem Rascheln im dunklen Schrank nach und „greift nach seinem Revolver" (S. 98/S. 93). Die Frau des Architekten wehrt sich zwar „unter seinem Griff" (S. 99/S. 94), kann der Kraft des jungen Mannes aber kaum etwas entgegensetzen. Für die Lesenden hat es den Eindruck, als komme es an dieser Stelle zu einer brutalen Vergewaltigung einer hilflosen Frau, als der Soldat „die warmen Brüste einer Frau berührt, die sich noch immer wehrt" (ebd./ebd.). Doch als er den Geruch nach Kampfer und Pfefferminz wahrnimmt, ändert sich der gewalttätige Charakter der Begegnung, „ruhig beginnt er, die Lippen zu küssen, die er nicht sehen kann" (S. 100/S. 94). Der junge Rotarmist gibt die Arme der Frau frei und streicht ihr über den Kopf, „wie um sie zu trösten" (ebd./S. 95). Das nun von ihm ausgesprochene Wort „Mama" (ebd./ebd.) erklärt den Grund für seine plötzliche Zärtlichkeit, denn offensichtlich erinnert ihn der Geruch sowie

Entdeckung der Frau des Architekten durch den Rotarmisten

Eindruck einer Vergewaltigung

der ältere Körper der Frau an seine eigene Mutter, die von den Deutschen ermordet worden ist und deren brutaler Verlust seine Kindheit beendet hat. Die folgende sexuelle Situation zeigt die Frau des Architekten in der aktiven Rolle, denn sie „zieht langsam ihr Kleid ein wenig nach oben“ (ebd./ebd.). Aus einer sich anbahnenden Vergewaltigung wird eine seltsam anmutende, offen beschriebene Szene eines sexuellen Aktes zwischen Mann und Frau, in der Letztere ihren jugendlichen Liebhaber anpinkelt (vgl. ebd./ebd.) und zeitweise dominiert. Der sexuelle Akt mit einer älteren Frau scheint in dem jungen Mann das frühe Trauma des Verlustes der eigenen Mutter wachgerufen zu haben, sodass „Tränen über sein Gesicht“ (S. 101/S. 96) laufen. Der Körper der älteren Frau in der Fremde weckt seine Sehnsucht nach der von den Deutschen ermordeten Mutter und damit nach der eigenen verlorenen Heimat.

Umkehrung des Täter-Opfer-Verhältnisses

Psychologischer Deutungsansatz: Ödipus-Komplex

Die psychische Situation des jungen Mannes lässt sich nach dem Psychologen Sigmund Freud (1856 – 1939) mithilfe des sogenannten Ödipus-Komplexes erklären. Nach Freud begehrt der heranwachsende Junge seine Mutter, während er gleichzeitig den übermächtigen Vater als Konkurrenten im Werben um die Frau betrachtet und fürchtet. Dies führt in der Theorie zum Konflikt zwischen dem Wunsch nach Zuneigung der Mutter einerseits und der Furcht vor der Strafe durch den Vater, der den Sohn als Konkurrenten nicht dulden kann. Die konfliktreiche Situation wird nach Freud dann dadurch gelöst, dass sich der Junge im Zuge seiner Adoleszenz allmählich von der begehrten Mutter abwendet und sich zunehmend mit seinem Vater identifiziert und in diesem Zusammenhang das ihm vorgelebte männliche Rollenbild übernimmt. Diese typischen und allgemeinen psychischen Entwicklungsprozesse macht nach Freud jedes männliche Kind durch. Doch dem jungen Rotarmisten wurde diese Entwicklung durch die Ermordung seiner Mutter verwehrt. Deshalb lässt er zu, dass der Krieg ihn brutalisiert und die Wut und der Hass von ihm Besitz ergreifen, ihn dehumanisieren. Durch die Begegnung mit der ihn an seine eigene Mutter erinnernden deutschen Frau im Schrank wird er sich dessen bewusst. Das führt zu der Erinnerung, was es heißt, ein Mensch zu sein. Denn nach dem Sexualakt wäre es für den Rotarmisten ein Leichtes, die Frau an „seine Leute“ (S. 104/S. 99) zu verraten. Stattdessen „macht er den Schrank wieder zu“ (ebd./ebd.) und behält die Begegnung mit dem deutschen Feind für sich. Man kann sogar davon sprechen, dass das Schlüsselerlebnis mit der ihn an seine Mutter erinnernden deutschen Frau einen besseren Menschen aus ihm macht. Denn am nächsten Morgen „nimmt er ein halbes Brot und geht noch einmal ins Zimmer hinauf“ (S. 105/S. 100). Dort zieht er den Schrank auf: „Ohne hineinzusehen, wirft er den Brotkanten nach hinten ins Dunkle, schließt den Schrank wieder und verlässt das Zimmer.“ (Ebd./S. 101) Diese Geste verdeutlicht, dass der anfangs durch den Krieg und die Ermordung seiner Familie verrohte junge Mann seine Menschlichkeit wiederentdeckt, indem er sich des Verlustes beziehungsweise des eigenen Traumas bewusst geworden ist.

Entwicklung des jungen Soldaten

Der psychische Entwicklungsprozess des Rotarmisten

Wut, Hass und Gewalt aufgrund der Ermordung seiner Familie → Erinnerung an die eigene Mutter im sexuellen Gewaltakt → **Wiederentdeckung von Menschlichkeit und Mitgefühl**

Die Intimszene im Schrankzimmer gibt aber nicht nur Auskunft über die psychischen Beschädigungen, die ein russischer Junge im Krieg erlitten hat. Sie erklärt zugleich das Verhalten der Frau des Architekten, die in dem ihr selbst gewidmeten Kapitel (vgl. S. 64 ff/S. 60 ff.) als vom Leben enttäuschte Frau vorgestellt wird. Die Gründe für ihre Desillusion bleiben dort aber weitestgehend im Dunkeln. Angedeutet wird, dass es in ihrem Leben zu einer Schlüsselszene kommt, die ihr die Augen über ihre eigenen Wünsche und Lebensträume öffnet: „Und dann kam der Russe." (S. 73/S. 70) Die Frau des Architekten spricht dort von einem nicht denkbaren Wort, „das Wort, mit dem er sie rief, mit dem er für alle Ewigkeit ein Loch in ihre Ewigkeit bohrte" (ebd./ebd.). Erst jetzt wird klar, dass mit „er" der junge Rotarmist und mit dem Wort der Ausdruck „Mama" gemeint ist. Im Moment ihrer eigenen drohenden Vergewaltigung bemerkt die vom Leben enttäuschte Frau, dass der Gewalttäter ein Junge ist und sie mit dem Wort „Mama" anspricht. Statt einer Täter-Opfer-Szene kommt es daher in ungewöhnlicher Weise zu einer Mutter-Sohn-Episode, in der die Machtverhältnisse umgekehrt werden: „Es fehlt nicht viel, und sie würde ihn mit einem kleinen Klaps auf den Po zum Schrank hinausschieben, wie eine Mutter, die ihr Söhnchen auf den Weg zur Schule verabschiedet." (S. 101/S. 96) Der ungewöhnliche sexuelle Akt lässt sich also auch als Ausdruck der unerfüllten Sehnsucht der Frau nach Mutterschaft deuten, die sich endlich ihrer Lebenslüge als Trauma bewusst wird: „Dass für Kinder kein Zimmer vorgesehen war, verstand sich für beide von selbst." (S. 67/S. 63) Nun weiß sie, dass der Fehler ihres Lebens darin bestand, zugunsten ihres Mannes, der bereits aus seiner ersten Ehe Kinder hatte, auf die eigene Mutterschaft zu verzichten.

Erkenntnis der Frau des Architekten

Insgesamt verändert das Kapitel vom Rotarmisten den Harmonie und Glück versprechenden Eindruck, den das Haus am See in den vorangehenden Kapiteln bei den Lesenden evoziert hat, galt es doch bisher als eine Art Refugium und Sehnsuchtsort, der seinen Eigentümern und Eigentümerinnen und Bewohnern und Bewohnerinnen Schutz, Sicherheit und Stabilität vermitteln sollte. Damit ist es nun vorbei. Die Heimsuchung des Krieges hat das Haus am See

Heimsuchung des Krieges verwüstet die Idylle am See

zu einem Ort der Gewalt gemacht, an dem niemand mehr sicher sein kann. Das Verhältnis der Figuren zur Heimat kann ab jetzt nur noch als ein gebrochenes verstanden werden. Heimat lässt sich hier nicht mehr als Ort fixieren, sondern als ein Prozess mit unklarem Ausgang. Dies wird auch durch das Verhalten der Rotarmisten im besetzten Haus symbolisch deutlich: „Einer probiert gerade einen der deutschen Mäntel an. Nicht schlecht, sagt er, passt.“ (S. 104/S. 99) Das erfolgreiche Anprobieren des Mantels kann als Versuch interpretiert werden, Schutz und Heimat auch dort zu finden, wo man nicht ursprünglich aufgewachsen ist. Diese Heimatvorstellung impliziert also in gewisser Weise die Möglichkeit der Mobilität.

Der Gärtner 7 (S. 107 – 111/S. 102 – 106)

Leben nach dem Krieg

Das siebte Gärtner-Kapitel beschreibt das Leben des Gärtners nach dem Abzug der russischen Armee. Deutschland hat am 8. Mai 1945 kapituliert und damit den Zweiten Weltkrieg verloren. Es wird daraufhin in vier Besatzungszonen aufgeteilt, die von den alliierten Siegermächten besetzt werden. Die östliche Zone, in der das Haus am Scharmützelsee liegt, wird der Sowjetunion zugeteilt und von dieser verwaltet. In den ersten Nachkriegsmonaten ist der Gärtner mit Aufräumarbeiten beschäftigt. Er bringt wieder Ordnung in den Garten und macht die Schönheit der Natur wieder sichtbar: „Er heizt das Haus vor, wenn der Architekt und seine Gattin zu Besuch kommen.“ (S. 108/S. 103) Am 7. Oktober 1949 wird die DDR gegründet und die deutsche Teilung in zwei Staaten besiegelt. Wie die Lesenden bereits im Kapitel vom Architekten (vgl. S. 34 ff./S. 31 ff.) erfahren haben, muss der Erbauer des Hauses in den Westen flüchten, um seiner drohenden Verhaftung zu entgehen. Seine Wertgegenstände, die er nicht mitnehmen kann, vergräbt er im Garten. Nun, einige Jahre später, findet der Gärtner „beim Graben im Beet […] eine Kiste mit Silberbesteck“ (S. 109/S. 104).

Gründung der DDR

Ausgraben von Silberbesteck

Sehr viel später wird er auch noch das wertvolle Meißener Porzellan des Architekten ausgraben (vgl. S. 155/S. 150).

Das Vergraben und Verstecken von Gegenständen, die später wieder auftauchen, hat bei Jenny Erpenbeck symbolische Bedeutung. Die Spuren der geflüchteten Menschen, die einmal im Haus am See gelebt und dort auf Zeit Heimat gefunden haben, gehen nicht verloren. Zugleich wird deutlich, dass Gegenstände länger existieren als die Menschen selbst. Die Lesenden fühlen sich an dieser Stelle an den Prolog (vgl. S. 9 ff./S. 9 ff.) erinnert, der die Landschaft und ihre Gegenstände vor 24 000 Jahren beschreibt, in der die Gattung Mensch noch überhaupt nicht existierte. Jenny Erpenbeck relativiert damit die Bedeutung der menschlichen Existenz.

Relativierung der Bedeutung des Menschen

Als der Architekt und seine Frau fliehen müssen, lebt der Gärtner für eine gewisse Zeit allein auf dem Grundstück. Die Tatsache, dass Haus und Grundstück in dieser Zeit ohne Besitzer oder Eigentümer existieren, ändern aber nichts an seiner fleißigen Arbeit in und mit der Natur. Der Gärtner pflegt den nun herrenlosen Garten so, „wie er es bisher auch gehalten hat" (S. 109/S. 104). Dadurch wird noch einmal das Motiv des Gärtners deutlich. Er erledigt seine Arbeit nicht für Geld, sondern weil er sie als naturgegeben ansieht. Für Geld interessiert er sich nicht, was auch durch seine explizit antikapitalistische Lebensweise deutlich wird: „Was er zum Leben braucht, tauscht er bei Bauern gegen Obst, Brennholz und Honig ein." (Ebd./Ebd.) Er lebt für sich in einer Tauschwirtschaft, in der auf das abstrakte Tauschmittel Geld verzichtet wird. Das zwingt ihn zu einem einfachen Leben, das er offensichtlich sucht. In diesem Detail kann man eine leise Kritik Jenny Erpenbecks an der kapitalistischen Wirtschaftsform erkennen.

Motiv des Gärtners

Antikapitalismus

Die Herrenlosigkeit des Hauses wird durch die Ankunft des Schriftstellerehepaares beendet, welche das Grundstück von der Gemeinde zur Pacht erhalten hat. Der neue Haus-

Neue Hausbesitzer: Schriftstellerehepaar

herr bespricht „mit dem Gärtner einige Änderungen, den Garten betreffend“ (S. 110/S. 105). Und der Gärtner erfüllt die neuen Aufgaben genauso gewissenhaft und kompetent wie zuvor. Es spielt für ihn also keine Rolle, ob er in einem kapitalistischen (Weimarer Republik 1919–1933), einem totalitären (Nazi-Diktatur 1933–1945) oder einem sozialistischen (Wirtschafts-)System lebt. Er tut, was aus Sicht der Natur getan werden muss, unabhängig von den jeweiligen politischen Machtverhältnissen, denen er trotzt beziehungsweise desinteressiert gegenübersteht. Seine perfekte Gesellschaft sieht er in dem Bienenvolk verwirklicht, dessen Nähe er weiterhin sucht (vgl. S. 111/S. 106).

Die Schriftstellerin (S. 112–123/S. 107–118)

Änderung der Besitzverhältnisse

Mit dem Anfang der Deutschen Demokratischen Republik (DDR) 1949 ändern sich die Besitzverhältnisse. Nach der Flucht des Architekten in den Westen wird das schöne Seegrundstück samt Haus von einer regimetreuen Schriftstellerin und ihrem Mann gepachtet. Das Haus selbst bleibt im Besitz des Staates. Das Privileg, in dem exklusiven Haus wohnen zu dürfen, hat sich die Schriftstellerin wohl dadurch verdient, dass sie zu Zeiten des Nationalsozialismus eine Oppositionelle, also Gegnerin der Nationalsozialisten war. Ihr Widerstand gegen das NS-Regime führte sogar dazu, dass sie aus ihrer Heimat Deutschland in die kommunistische Sowjetunion flüchten musste. Dort lebte sie viele Jahre und schrieb als engagierte Dichterin gegen die rassistische und nationalistische Ideologie der NS-Diktatur an. Nun, Jahre nach dem Ende des Zweiten Weltkrieges, darf sie aus dem Exil in ihre alte Heimat zurückkehren, die nicht mehr dieselbe ist wie bei ihrem Abschied. Das ihr gewidmete und aus ihrer Sicht personal erzählte Kapitel besteht im Wesentlichen aus Rückblicken auf ihr Leben im Exil und ihre Hoffnung, dass es ihr nun in einem neuen sozialisti-

Rückblick auf die Vergangenheit

schen Deutschland möglich sein wird, mithilfe ihrer Kunst an einer gerechteren Gesellschaftsordnung mitzuwirken.

Schlüsselsatz

Das Kapitel beginnt mit einem Schlüsselsatz, der im weiteren Verlauf mehrfach wiederholt wird: „I-c-h k-e-h-r-e h-e-i-m" (S. 112/S. 107). Wie eine Beschwörerin betont die Heimkehrende jeden einzelnen Buchstaben, um die Bedeutung ihrer Heimkehr zu bekräftigen und ihr besonderes Gewicht zu verleihen. Wie auch bei den anderen Figuren des Romans ist Heimat ihr Lebensthema, das sie auch in ihrem neuen Buch bearbeiten möchte. Doch schon im ersten Absatz wird deutlich, dass sie sich im neuen Deutschland – anders als erhofft – mit ganz banalen Problemen beschäftigen muss: Sie schreibt einen Brief an einen General, in dem es um „den Anspruch auf Seezugang des neuen Nachbarn" (ebd./ebd.) geht. Offenbar ist sie über die politische Bevorzugung eines Berliner Arztes verärgert und auch verwundert, denn von dem neuen demokratischen Deutschland der DDR erhoffte sie sich die Gleichbehandlung aller Bürgerinnen und Bürger, die hier offenbar mit Füßen getreten wird. Ein banaler Nachbarschaftsstreit droht.

Heimat als Lebensthema

Im Haus am Scharmützelsee lebt die Schriftstellerin gemeinsam mit ihrem Ehemann, ihrem Sohn, dessen Frau und ihrem Enkelkind scheinbar in einem Paradies: „Von ihrem Schreibtisch aus kann sie zwischen den rötlichen Stämmen den See schimmern sehen." (Ebd./Ebd.)

Ziel: ein neues Deutschland errichten

In dieser Idylle möchte die Schriftstellerin als Künstlerin ihren Beitrag dazu leisten, dass aus der DDR ein vorbildhafter und gerechter Staat wird, der sich von dem verbrecherischen Regime der Nationalsozialisten wesentlich unterscheidet. Das Instrument, dessen sie sich dabei bedient, ist ihre Schreibmaschine, der symbolische Bedeutung zukommt: „Diese Schreibmaschine hat sie auf vielen Straßen vieler Städte getragen, in überfüllten Zügen auf dem Schoß gehalten, an ihrem Griff sich festgehalten, wenn sie in dieser oder jener Fremde, allein auf einem Flugplatz, einem

Bedeutung der Schreibmaschine

Bahnhof stehend, nicht wusste, wohin, ihren Mann hatte sie im Gedränge verloren, oder er war in anderem Auftrag unterwegs […]. Diese Schreibmaschine war ihre Wand, […], mit dieser Schreibmaschine hatte sie all die Worte getippt, die die deutschen Barbaren zurückverwandeln sollten in Menschen und die Heimat in Heimat." (S. 114/S. 109)

Metapher: Wand

Mit der Metapher der „Wand" (ebd./ebd.) ist die Intention der Dichterin offensichtlich: Als optimistische Idealistin glaubt und hofft sie, dass die Kunst – hier: die Literatur – ihren Teil dazu beitragen kann, aus den ehemaligen Anhängern oder Sympathisanten der Nationalsozialisten moralisch gute Menschen zu machen, sie also mittels der Kunst erziehen zu können. Dabei ist sie sich bewusst, dass die Heimkehr nach Deutschland nicht ohne Risiko für sie ist. Denn ihr Heimatland scheint durch die Verbrechen während der Diktatur der Nationalsozialisten verfremdet und regelrecht vergiftet worden zu sein, sodass das Wort „Heimat" für sie die Bedeutung von Anti-Heimat bekommen hat. Das möchte sie nun rückgängig machen. Dabei wird ihr die Schreibmaschine zu einem wesentlichen Bestandteil ihrer Identität. Während der Zeit ihres Exils hat sie gelernt, dass Heimat überall da sein kann, wo sie ihre Schreibmaschine dabei hat und nutzen kann. Die Schreibmaschine ist ihr so zu einer Art mobiler Heimat geworden, die ihr Halt und Sicherheit gegeben hat.

Sprache als Mittel der Erziehung des Menschen

Doch Sprache dient der Schriftstellerin nicht nur zur Erziehung des Menschengeschlechts, sondern auch zur Besinnung und Erinnerung an ihr vergangenes Leben im Exil. Für einige Dinge, die dort geschehen sind, scheint sie sich nunmehr zu schämen, da sie diese ausdrücklich nicht in ihrem neuen Buch erwähnen möchte (vgl. S. 117/S. 112). Die Lesenden erfahren davon nur, weil sie teilhaben an einer Art innerem Selbstgespräch der Schriftstellerin. So scheint sie sich als Jüdin schuldig zu fühlen, dass sie den Holocaust überlebt hat und dies zu rechtfertigen versucht. Zudem

Scham und Schuldgefühle

plagt sie die Erinnerung daran, dass sie „nein sagte, nach Hitlers Überfall auf die Sowjetunion, eine deutsche Genossin mit Kind zu verstecken, deren Mann schon verhaftet worden war“ (ebd./ebd.). Ebenfalls schämt sie sich dafür, im Exil ihre „kupferroten Haare“ (S. 118/S. 113) gefärbt zu haben, um nicht „als Jüdin gehänselt“ (ebd./ebd.) zu werden. Damit wird deutlich, dass die Schriftstellerin nicht allein als Anklägerin des deutschen Tätervolks in ihre alte Heimat zurückkehrt, sondern zugleich mit ihrem schmerzhaft schlechten Gewissen zurechtkommen muss. Auch hierfür nutzt sie ihr berufliches Werkzeug, die Poesie. Doch sie ist sich darüber bewusst, dass es einen absoluten Neuanfang, eine Stunde Null, nicht geben kann: „Wo der neue Mensch anfangen soll, kann er nur aus dem alten wachsen. […] Die neue Welt soll die alte fressen, die alte wehrt sich, das Neue und das Alte wohnen beieinander im selben Körper. Wo viel verlangt wird, bleibt mehr aus.“ (S. 119/S. 114) Neben Schilderungen des einfachen Alltags, einem idyllischen und zugleich banalen Leben in dem paradiesisch gelegenen Haus am See (vgl. S. 120 f./S. 115 f.), finden sich weitere poetologische Reflexionen, die von den Gründen für ihre Rückkehr nach Deutschland handeln. Sie und ihr Mann „[w]ollten sich aus den deutschen Trümmern endlich irgendeinen Boden unter die Füße ziehen, der nicht mehr trügerisch wäre. Alt würden zwar ihre Körper, jung aber bliebe noch für lange Zeit die Hoffnung auf Erlösung der Menschheit von Habgier und Neid“ (S. 121/S. 116).

Exilliteratur

In ihrem Anspruch ähneln die Schriftstellerin und ihr Ehemann den Dichterinnen und Dichtern der sogenannten Exilliteratur (1933 – 1945). Darunter versteht man in der Literaturgeschichte die Epoche, in der diese sich gezwungen sahen, ihre deutsche Heimat zu verlassen, weil sie selbst von dem nationalsozialistischen Terror bedroht waren oder dagegen protestieren wollten. Berühmte Dichterinnen und Dichter wie Bertolt Brecht (1898 – 1956), Thomas Mann

(1875–1955) oder Anna Seghers (1900–1983) mussten Deutschland verlassen und fanden im Exil, z. B. in den USA oder Frankreich, vorübergehend Zuflucht. Dort schrieben sie von ihrer Sehnsucht nach der alten Heimat oder leisteten als engagierte Literaten und Literatinnen aktiv Widerstand gegen die menschenverachtende NS-Ideologie, gegen die sie anschrieben und über die sie aufklärten. Die meisten Exilautorinnen und -autoren kehrten nach dem Ende des Zweiten Weltkrieges und der deutschen Niederlage in ihre Heimat zurück. Dabei standen sie vor der Frage, ob sie ihr Leben in der westlich-kapitalistisch geprägten Bundesrepublik oder im östlich-sozialistischen neuen Deutschland der DDR verbringen wollten. Einige Idealisten und Idealistinnen wie Bertolt Brecht oder Anna Seghers kehrten bewusst in die DDR zurück, weil sie hofften, hier am Aufbau eines sozial gerechteren Staates teilhaben und mitwirken zu können. Genau diesen Impuls verspürt auch Erpenbecks Schriftstellerin in ihrem Roman „Heimsuchung“. Dabei sind die Figuren der Schriftstellerin und ihres Mannes im Roman unschwer als die Großeltern Jenny Erpenbecks zu erkennen, denen sie mit diesem Kapitel ein Denkmal gesetzt hat (vgl. Kap. „Hintergründe“, S. 134).

Vorbild: die eigenen Großeltern

Merkmale der Exilliteratur

- Zeit: 1933–1955
- Fluchtursache: Verfolgung durch die Nationalsozialisten
- Verhalten im Exil: poetisches Anschreiben gegen den Terror und Aufklärung über die Inhumanität der Nationalsozialisten
- Rückkehr in die alte Heimat nach Niederlage Hitlers
- Ziel: künstlerischer Beitrag zu einem neuen, gerechten Staat
- Realität: Desillusionierung über diktatorische Entwicklung der DDR

Die Hoffnung auf die Möglichkeit einer gerechteren Gesellschaft im neuen Staat der DDR wird jedoch schnell enttäuscht. Am eigenen Leib merkt die Schriftstellerin, dass der Anspruch auf Gleichheit und Gleichbehandlung aller Bürgerinnen und Bürger nur eine Illusion ist. Denn der junge Berliner Arzt, der urplötzlich den Obstgarten und das Bienenhaus zur Pacht erhält (vgl. S. 113/S. 108) und einen Anspruch auf Seezugang (vgl. S. 112/S. 107) durchsetzt, wird ganz offensichtlich von der Politik unterstützt: „[V]on höherer Stelle" (S. 113/S. 108) wird entschieden, dass der Arzt bevorzugt wird, und ihm wird die Erlaubnis erteilt, das Bienenhaus abzureißen und ein großes Wohnhaus zu errichten. Aus Volkseigentum wird so de facto wieder Privateigentum für diejenigen Menschen, die der DDR von Nutzen sind oder ihr treue Dienste leisten.

Bevorzugung des Berliner Arztes

Die DDR zwischen Anspruch und Wirklichkeit

Anspruch der Dichterin	Wirklichkeit in der DDR
Hoffnung, durch die Kraft der Literatur an der Humanisierung des Menschen und dem Aufbau einer sozialen und für alle Bürger und Bürgerinnen gleichen Gesellschaftsformation mitzuwirken (vgl. S. 119/S. 114)	Erkenntnis, dass im neuen Staat der DDR regimetreue Bürger und Bürgerinnen „von höherer Stelle" (S. 113/S. 108) bevorzugt werden und der neue Staat statt Demokratisierung für alle nur neue Ungleichheit und Ungleichbehandlung mit sich bringt (vgl. S. 122/S. 117)

Kluft zwischen Anspruch und Wirklichkeit

Die Einsicht, dass ihre idealistische Hoffnung auf Verbesserung des Menschengeschlechts und die Herstellung einer fairen und friedlichen Gesellschaftsordnung in der DDR trügerisch ist, lassen die Dichterin altern und „auch die Worte“ (S. 122/S. 117) alt werden, mit denen sie die Veränderung herbeiführen wollte. Am Ende des Kapitels rekapituliert sie desillusioniert ihr Leben und ihre Aktivität. Sie bemerkt dabei die Kluft zwischen Anspruch und Wirklichkeit ihres Wirkens und ist sich unsicher, ob ihr Optimismus und Idealismus insgesamt nicht doch „Fehler“ (ebd./S.118) waren. Am Schluss beendet sie mit einem von Sarkasmus gekennzeichneten „sozialistischen Gruß“ (S. 123/ebd.) ihren Brief an die Gemeindeverwaltung und bekräftigt darin ihren Wunsch, das Haus am See käuflich zu erwerben.

Sarkasmus am Ende

Der Gärtner 8 (S. 124 – 126/S. 119 – 121)

Das achte Gärtner-Kapitel bringt erstmals eine besondere Veränderung mit sich. Tritt der Gärtner in den vorherigen Kapiteln überaus fleißig und zuverlässig auf, wenn er seine Arbeiten im Garten erledigt, kann er nun seinen Tätigkeiten nicht mehr wie gewohnt nachgehen: „Bei der Kirschernte stürzt der Gärtner von der Leiter und bricht sich ein Bein.“ (S. 124/S. 119) Auch nach seiner unvollständigen Heilung kann er schwere Arbeiten „nach seinem Sturz nicht mehr ausführen“ (ebd./ebd.). Selbst wenn er hier und da noch Gelegenheitsarbeiten erledigt, „hier und da das herabgefallene Holz“ (ebd./ebd.) einsammelt, ist er letztlich nur noch ein Schatten seiner selbst. Da er bisher vor allem durch seine Funktion und im Gegensatz zu sämtlichen anderen Figuren nicht durch sein kommunikatives Verhalten definiert wird, ist das eine schwerwiegende Veränderung für das gesamte Romangeschehen. Denn mit dem nun beginnenden physischen Verfall des Gärtners korrespondiert auch der Verfall des Gartens, der sich bisher ja aufgrund der Gärtnerarbeit als wunderschönes Paradies auf Erden präsentiert hat. Die Natur reagiert sofort auf die Abwesenheit ihres Beschützers: „Apfel und Birne erholen sich auch

Unfall des Gärtners

Folge: Verfall der Natur …

in den nächsten Jahren nicht wieder vom Pilzbefall. Spinnmilben befallen die Kirsche." (S. 125/S. 120)

… und der Moral

Doch damit nicht genug, denn mit dem allmählichen Verfall des Gartens hängt auch ein erkennbarer moralischer Verfall aufseiten der Menschen zusammen: „Im Dorf wird erzählt, dass der Sohn der Hausherren schon etliche Mädchen nach dem Tanz oder einer anderen Festivität ins Badehaus geführt habe, um mit ihnen dort die Nacht zu verbringen […]." (Ebd./Ebd.)

Die Folgen des Unfalls und der Invalidität des Gärtners	
Die Natur verfällt und die „fruchtlosen Obstbäume" (S. 126/S. 121) werden gefällt.	Die Moral der Menschen zerfällt zusehends, denn „etliche Mädchen" (S. 125/S. 120) werden verführt.
⬇ **Der Ausfall des Gärtners führt zum Verfall der Heimat.**	

Gärtner als Schlüsselfigur des Romans

Das lässt den Gedanken zu, dass das In-Ordnung-Halten der Natur durch den Gärtner bisher auch den Menschen Halt und Orientierung gegeben hat. Fällt dieser Halt nun weg, begeht der moderne Mensch Fehler und macht sich schuldig. Die idyllische Heimat zerfällt. Damit wird klar, dass der Gärtner keinesfalls nur ein fern der Gesellschaft stehender Außenseiter ist, sondern dass seine Arbeit unmittelbare Auswirkungen auf das Verhalten seiner menschlichen Umwelt hat. Man kann ihn also als eine Schlüsselfigur für die Romanhandlung kennzeichnen.

Die Besucherin (S. 127–138/S. 122–133)

Zu Gast bei der Schriftstellerin

Bei der Besucherin handelt es sich um eine ältere Frau, deren Enkeltochter mit dem Sohn der Schriftstellerin verheiratet ist. Im Haus der „Schwiegermutter ihrer Enkelin“ (S. 135/S. 130) ist „sie jetzt für den Rest ihres Lebens“ (S. 133/S. 129) zu Besuch. Damit ist das Grundmotiv der Figur der Besucherin bereits bekannt: Sie ist eine einfache Frau, die ihre Heimat verlassen musste und nun in der Fremde über die Folgen dieses Verlustes und ihren neuen Status als Gast nachdenkt. Aus diesen Reflexionen ihres Lebens – ebenfalls streng personal aus ihrer Sicht erzählt – besteht das gesamte Kapitel. Die Lesenden haben nach und nach teil an diesem Rückblick auf ein von Schicksalsschlägen nicht freies Leben: So hat die Besucherin gegen den Willen ihrer stolzen und standesbewussten Mutter, die andere Pläne für sie hatte, einen Musiker aus der Ukraine geheiratet (vgl. S. 131/S. 126) und mit diesem auf einem Bauernhof zusammengelebt. Statt zu musizieren, wartet ihr Mann dort die Maschinen und Geräte der Bauern. Bei dieser gefährlichen Arbeit verletzt er sich so schwer, dass er weder weiter arbeiten noch musizieren kann. Als der Mann der Besucherin einen „frühen Tod“ (ebd./S. 127) erleidet und ihre Tochter von einem Arbeitseinsatz nicht mehr nach Haus zurückkehrt, nimmt die Besucherin die Wirren und das Chaos des polnisch-ukrainischen Krieges zum Anlass, mit ihren drei Enkelkindern der alten Heimat den Rücken zu kehren und in den Westen zu flüchten (vgl. S. 130/S. 125). Dabei muss sie viele geliebte Dinge und Gegenstände, an denen ihr Herz hängt, zurücklassen, z. B. den „Pelzüberzug“ (S. 132/S. 127) ihres Mannes.

Grundmotiv

Rückblick auf ihre Flucht aus der Heimat

Verlust des Eigentums

Doch dieses Zurücklassen von Gegenständen stellt für die Besucherin keinen großen Verlust dar. Wir erinnern uns: Voller Trauer und Melancholie vergräbt der seine Heimat gezwungenermaßen verlassende Architekt die wertvollen Gegenstände, wie das Meißener Porzellan oder das Silberbesteck, im Garten (vgl. S. 34/S. 31) und hofft darauf, eines Tages zurückkehren und diese Gegenstände wieder in seinen Besitz nehmen zu können. Derartigen Materialismus

Vergleich mit anderen Figuren

kennt die alte Frau nicht. Für sie zählt vor allem die Sicherheit ihrer Familie, die sie nur durch ihre Flucht aus der Heimat herstellen kann. Dafür ist sie bereit, auf ihr Eigentum zu verzichten.

Mehrwert von Tätigkeiten

Erstaunlicherweise stellt auch der Verlust ihrer Heimat für sie kein größeres Problem dar, was bereits im allerersten Satz des Kapitels deutlich wird: „Die Hauptsache ist, dass sie hier wieder schwimmen kann." (S. 127/S. 122) Das Wasser und das Schwimmen sind im gesamten Roman positiv besetzte Symbole: So schwimmt die Frau des Architekten weit in den See hinaus, um gegen ihre eingeschränkte Freiheit anzukämpfen (vgl. S. 68/S. 64). Auch das Mädchen Doris erinnert sich im Moment ihres Todes an das Schwimmen und den See: „Nichts Schöneres, als mit offenen Augen zu tauchen." (S. 91/S. 87) Ähnlich verhält es sich mit der alten Besucherin. Es ist die Tätigkeit des Schwimmens, der sie als Gast im Hause des Schriftstellerehepaares nachgehen kann, die dazu führt, dass sie sich hier – fern der eigentlichen Heimat – „fast so wie zu Hause" (S. 128/S. 123) fühlen kann.

Symbolik des Wassers und des Schwimmens: Freiheit und Glück

Mobile Heimatvorstellung

Heimat ist für sie also kein geografisch bestimmter Ort, sondern ein Gefühl, das sich an vielen verschiedenen Orten einstellen kann, wenn der Mensch den Tätigkeiten nachgehen kann, die er liebt, in diesem Fall dem Schwimmen und Sich-Bewegen im Wasser. Die Besucherin klebt also nicht an der romantischen Vorstellung einer Kinderheimat, die man nie verlieren dürfe, sondern sie kann überall zu Hause sein. Auch ein Blick auf die Natur in der neuen Umgebung hilft ihr bei der Eingewöhnung am Märkischen Meer: „Der Löwenzahn ist der gleiche wie zu Hause, und auch die Lerchen." (S. 129/S. 124)

Diese Fähigkeit zur Mobilität ist die charakteristische Besonderheit der Figur der Besucherin. Darin unterscheidet sie sich z. B. auch vom alten Tuchfabrikanten und seiner Frau, Arthur und Hermine, die im Gegensatz zu ihrem Sohn Ludwig nicht in der Lage sind, sich von ihrer alten Heimat und ihrem Besitz zu lösen. Als sie Ludwig in dessen südafrikanischem Exil für die Dauer von zwei Wochen besuchen, entschließen sie sich am Ende, „nun wieder zurück nach Guben“ (S. 59/S. 56) zu reisen, wo sie sesshaft sind und immer schon gelebt haben. Dieser fatale Entschluss bringt ihnen den sicheren Tod, denn die Nazis ermorden sie und viele andere jüdische Bürgerinnen und Bürger im „Gaswagen“ (S. 60/S. 58).

Unterschiedliche Heimatkonzeptionen im Roman	
Der alte Tuchfabrikant und seine Frau bleiben nicht in Südafrika, sondern kehren nach Hause zurück, wo sie ermordet werden. Der Architekt vergräbt wertvolle Gegenstände im Garten, um sie später zurückzuholen.	Die Besucherin verlässt, ohne zu zögern, ihre alte Heimat, um das Leben ihrer Enkelkinder zu retten. Besitz bedeutet ihr weniger als die Möglichkeit, in der Fremde das zu tun, was sie liebt: schwimmen.
⬇ **Die mobile Heimatvorstellung der Besucherin rettet Leben. (Heimat lässt sich im Herzen in die Fremde mitnehmen.)**	

Einstellung zu Besitz

Einem solchen Schicksal entgeht die Besucherin, weil sie kurzentschlossen aus der Gefahr in ihrer alten, von Krieg versehrten Heimat flüchtet: „Als ihre Enkelin sie einmal fragte, ob es ihr leid tue – um das Haus, die Kühe, den ganzen Besitz, verstand sie die Frage nicht mehr. Sie hat die Kinder gerettet, mehr gab es darauf nicht zu sagen.“ (S. 136/S. 131) Wenn die Umstände es erfordern, ist sie bereit, das alte Leben aufzugeben und in das Unbekannte aufzubrechen. Das Verlassen der ursprünglichen Heimat stellt dabei für die Besucherin zwar einen Verlust dar, aber dieser ist nicht existenziell, sondern verkraft- und kompensierbar. Ihr Heimatverlust ist – im Gegensatz zu vielen an-

Loslösen von alten Bindungen und Traditionen als Chance

deren Figuren des Romans – nicht zwangsläufig problematisch; denn es ist klar erkennbar, dass sich die eigene Vorstellung von Heimat an einem bestimmten Ort nicht mehr verwirklichen lässt, in diesem Fall, weil ein Krieg das Leben der geliebten Familie bedroht. Die Fähigkeit zur Mobilität liegt dabei darin begründet, dass Heimat für die alte Frau eine innere Vorstellung ist, die der Mensch in sich trägt und mitnehmen kann, wo immer er auch hingeht. Diese besondere Fähigkeit, sich von alten Erfahrungen zu lösen und bereit zu sein für das Unbekannte, das neue Möglichkeiten der Selbstverwirklichung bietet, spiegelt sich auch in einem Zitat des Regisseurs Edgar Reitz, dessen berühmte Film-Trilogie „Heimat“ auch auf die Gefahren einer bloß topografischen Definition von Heimat hinweist: „Heimat ist eine Haut, ein Gehäuse. Die Freiheit besteht darin, sich aus dieser Haut hinauszubegeben und dieses kleine Universum, das wir sozusagen von Geburt an wie einen Uterus mitbringen, zu verlassen. Wir müssen eine Distanz entwickeln, aus der heraus wir entscheiden können, ob wir die Verhältnisse so lassen oder nicht, ob wir uns fügen oder nicht fügen in die Traditionen und Verhältnisse. Heimat war immer eine Haut, aus der ich ausbreche.“[1]

Edgar Reitz, dt. Autor und Filmregisseur (geb. 1932)

[1] Edgar Reitz, Deutscher Kulturrat e. V. online, Hans Jessen, 26.02.2019, Berlin, www.kulturrat.de/themen/heimat/heimat-kunst/es-sind-immer-raum-und-zeit/ (Aufruf: 04.12.2023)

Fähigkeit des Ausbrechens

Über genau diese von Reitz angesprochene Fähigkeit des Ausbrechens verfügt die Besucherin. Sie ist nicht bereit, sich den gegebenen kriegerischen Verhältnissen in ihrer „angeborenen" Heimat zu beugen, sondern entscheidet sich, aus dieser alten Haut auszubrechen. Das geht nicht ohne Opfer: „Es ist nicht leicht, zu Besuch zu sein." (S. 134/S. 29) Sie muss auf ihrer Flucht fast alle Besitzstände aufgeben und macht sich allein „mit den drei Enkeln, einem Federbett und einem blaugesprenkelten Kochtopf" (S. 130/S. 125) auf den Weg. Materieller Besitz, der für den Architekten oder den alten Tuchfabrikanten noch von großer Bedeutung war, wird so zu etwas Vorübergehendem und Unbedeutendem: „Sie hat das Verlieren gelernt, Kapitel eins: das Haben, und Kapitel zwei: das Verlieren." (S. 136/S. 131) Ob das ein bitteres Lehrgeld ist, das sie zu zahlen hat, oder aber eine positive und vorbildhafte Lebensweisheit, müssen die Lesenden entscheiden, denn wie so oft verzichtet die Erzählinstanz darauf, das Geschehen wertend zu kommentieren. Die Besucherin ist aber davon überzeugt, das Richtige getan zu haben: „Sie hat die Kinder gerettet, mehr gab es darauf nicht zu sagen." (Ebd./Ebd.) Solange sie „hier wieder schwimmen" (S. 137/S. 132) und die Freiheit in der Natur genießen kann, empfindet sie Glück und ist in der Lage, auf andere Art neu heimisch zu werden.

Der Gärtner 9 (S. 139 – 141/S. 134 – 136)

Abriss des Bienenhauses, dem Symbol der perfekten Gesellschaft

Das neunte Gärtner-Kapitel beschreibt den weiteren Verfall des Gärtners und die Folgen, die sich daraus für seine Umwelt ergeben. Nach dem Abriss des für ihn so bedeutsamen Bienenhauses – Symbol für eine perfekt funktionierende, harmonische Gesellschaft – vernachlässigt er seine Körperhygiene, indem er sich weigert, „seine Fußnägel zu kürzen" (S. 140/S. 135). Auch als der Gärtner dies mit Schuhen und Strümpfen zu verdecken versucht, erkennt man „an seinem hinkenden Gang", dass „etwas nicht stimmte" (ebd./

ebd.). Damit erhält die mythische Figur Attribute einer Teufelsgestalt, die Einfluss nimmt auf den Verfall des Gartens sowie der Moral der Menschen. Denn im Anschluss wird berichtet, dass der Berliner Arzt seine Frau „mit einem Mädchen aus Frankfurt/Oder“ (ebd./ebd.) betrügt. Zugleich wird dem Mediziner unterstellt, er habe seinem Nachbarn, der nur einen Schnupfen hatte, im Krankenhaus absichtlich „zuviel gespritzt“ (ebd./ebd.), sodass dieser verstorben sei. Ein schnöder Mord aus materialistischen Motiven macht deutlich, wie sehr der moralische Verfall am märkischen See fortgeschritten ist, nachdem der Gärtner in seiner Funktion als Beschützer der Natur nach seinem Unfall ausgefallen ist.

Folgen des Verfalls

Die Unterpächter (S. 142 – 154/S. 137 – 149)

Pachtverhältnis als Zwischenlösung

Bei den beiden Unterpächtern, deren aufregende Biografien in diesem Kapitel rückblickartig und abwechselnd aus deren personaler Sicht erzählt werden, handelt es sich um ein Ehepaar in ihren 60ern, die in DDR-Zeiten die Werkstatt am Seeufer gemietet und zu einer Wochenendwohnung umgebaut haben. Im Gegensatz zu den bisherigen Hausbesitzern und -besitzerinnen stellt das Pachtverhältnis für sie nur eine Zwischenlösung dar, die für die beiden jedoch kein Problem bedeutet. Ganz im Gegenteil: Mann und Frau finden ihren Halt nicht in materiellem Besitz, Haus und See fungieren bei ihnen nicht als Garant für Heimat. Ihre Identität finden sie gerade nicht im Versuch, dauerhaft an einem bestimmen Ort sesshaft zu werden, sondern sie möchten ihre Zeit am See dafür nutzen, aktiv zu sein, zu schwimmen und zu segeln. Aus dieser Aktivität ziehen sie ihr Glück. Diese Besonderheit unterscheidet sie von den meisten anderen Figuren des Romans. Sie hat ihre Ursache in der bewegten Biografie beider Figuren:

Glück aus Aktivität statt aus materiellen Dingen

Das zentrale Schlüsselerlebnis im Leben des Unterpächters ist sein Versuch, als junger Mann zusammen mit einem Freund durch die Elbe zu schwimmen und auf diese Weise

Prägende Ereignisse: Flucht aus der DDR …

aus dem diktatorischen Überwachungsstaat DDR zu flüchten. Doch die Flucht misslingt, und der junge Mann muss mehrere Jahre im Gefängnis verbringen. Das die Unterpächterin prägende Ereignis ist die späte Erkenntnis, dass die eigene, als glücklich erfahrene und erinnerte Kindheit eine einzige Lüge war, denn eine alte Schulfreundin klärt sie zufällig in einem Telefonat darüber auf, dass sie als Kriegsflüchtling adoptiert wurde, ihr Vater also nicht ihr leiblicher Vater war und sie sogar eine Schwester hat, von der sie nichts wusste. Mit diesen Erfahrungen beschäftigen sich die Unterpächter im Verlauf des Kapitels erinnernd und retrospektiv.

... und Kindheit eine Lüge

Die ersten Seiten des Kapitels schildern die Erinnerungen des Unterpächters aus dessen Sicht. Der Mann betont seine Liebe zum Segeln, indem er drei Mal wiederholt: „Das Segeln ist eine schöne Sache." (S. 143/S. 138) Die „Liebe zum Wasser" (ebd./ebd.) ist Teil der Schwimm- und Segel-Metaphern, die sich durch das gesamte Kapitel ziehen. Sie geben Auskunft über ein Heimatverständnis, das sich gerade von der Fixierung an einen bestimmten Ort sowie von Sesshaftigkeit freimachen möchte. Während viele der bisherigen Hausbewohner und -bewohnerinnen an Haus, Garten und Gegenständen hingen, geht es den Unterpächtern gerade darum, sich von Geburtsort und Herkunft loszureißen und sich ziellos treiben zu lassen: „Aber sie kannten nichts anderes, als sich vom Wind treiben zu lassen." (S. 144/S. 139) Die Reflexionen des Unterpächters zur Bedeutung des Segelns in seinem Leben nehmen im Anschluss einen großen Raum ein. Sie mischen sich in der Folge mit seinen Erinnerungen an die gescheiterte Flucht in die Freiheit des Westens (vgl. S. 146/S. 141).

Liebe zum Segeln

Auf die Erinnerungen des Mannes folgen die der Frau (vgl. S. 147/S. 142). Die zufällige Information durch eine alte Schulfreundin trifft sie ins Mark: „Aber jetzt, mit einem Leben Verspätung, erfährt sie am Telefon, dass auch der Vater

Biografische Unklarheiten

nicht echt war, und dass es außer ihr noch ein anderes Mädchen in einem Nachbardorf gab, ihre Schwester, an die sie sich nicht erinnern kann.“ (S. 148/S. 143) Als „kleine Kinder von Kriegsflüchtlingen aus dem Riesengebirge“ (ebd./ebd.) sind sie in den Wirren der Nachkriegszeit „hierher gebracht und dann in verschiedene Dörfer zu verschiedenen Eltern“ (S. 149/S. 144) gegeben worden. Nun steht sie als 60-jährige Frau vor der Frage, ob sie versuchen soll, „die eigene Schwester zu finden“ (ebd./ebd.). Sie ist sich unsicher, wie sie sich verhalten soll. Doch bei der Verarbeitung dieses biografischen Bruches ist sie auf sich allein gestellt. Obwohl ein Paar, das seit über 30 Jahren zusammen ist, sind sie sich bei der Bewältigung zentraler Fragen nicht hilfreich. Schon der erste, sich im Kapitel mehrmals motivisch wiederholende Satz (vgl. ebd./ebd.) verdeutlicht diese Isolation: „Das musst du allein entscheiden.“ (S. 142/S. 139) Der Mann ist auch nach dreißig Jahren Ehe nicht in der Lage oder dazu bereit, seine Frau im Moment tiefster Erschütterung zu trösten.

Isolation und Einsamkeit

Als die Unterpächterin merkt, dass ihre Kindheit eine Lüge und doch kein „Märchen“ (S. 148/S. 143) war, bricht sie emotional zusammen und findet keinen Halt bei ihrem Mann: „Als ihn der Laut ihres Weinens überraschte, hatte er den Arm sofort zurückgezogen […].“ (S. 142/S. 137) Damit ist ein weiteres zentrales Motiv des Kapitels benannt: Der Mensch ist in seinem Leben auf sich allein gestellt und muss die Unsicherheit selbst meistern: „Was weiß man.“ (S. 143/S. 138) Das Leben ist unplanbar, es wird von Schicksal und Zufall bestimmt: „Aber wenn ihr Vater gar nicht ihr Vater war, wer sollte ihr raten?“ (S. 149/S. 145) Der Mensch kommt also nicht leichter durch das Leben, nur weil er einen Partner/eine Partnerin hat: „Jetzt, mit einem Leben Verspätung, ist sie allein.“ (Ebd./Ebd.)

Unsicherheit und Unplanbarkeit des Lebens

Auf die Schilderungen der emotionalen Reaktion der Frau auf die Erkenntnis, dass ihre Kindheit auf einer Lüge aufgebaut ist, folgen die Erinnerungen des Mannes an seine Studi-

Erinnerungen des Unterpächters

enzeit in der DDR (vgl. S. 150 ff./S. 145 ff.). Mit einem Studienfreund entscheidet sich der Student des Maschinenbaus dazu, ohne Wissen seiner damaligen Verlobten und heutigen Ehefrau „in den Westen" (S. 151/S. 146) zu flüchten. Die Flucht scheitert und er verbringt einige Jahre im Gefängnis, wo er sich weiterbildet. Daher ist er in der Lage, nach seiner Haft eine wichtige „Prüfung extern ab[zu]legen" (S. 152/S. 147), doch sein Studium nimmt er nicht wieder auf. Sein Berufsleben in der DDR verbringt er stattdessen als „einfacher Arbeiter in der Fabrik" (S. 154/S. 149).

Desillusionierung

An dieser Stelle wird deutlich, dass das Leben grundsätzlich nicht planbar ist. Sein Traum von einem Leben in der freiheitlichen Bundesrepublik scheitert ebenso wie der von der Arbeit als studierter Ingenieur. Diese Desillusion teilt er mit seiner Frau, die vor den Trümmern ihrer Vergangenheit steht. Beide haben also ausreichend Grund dazu, desillusioniert und verbittert auf ihr Leben zurückzublicken. Doch erstaunlicherweise ist das Gegenteil der Fall. Beide wirken zufrieden, „beruhigt" (S. 152/S. 148) und sind mit sich im Reinen. Das hat mit ihrem flexiblen und mobilen Heimatverständnis zu tun, das am Schluss des Kapitels entfaltet wird. Hier reflektiert der Mann über das Unterpachtverhältnis, in dem er und seine Frau sich befinden. Da die Erben des vormaligen Besitzers des Hauses bereits „ihren Anspruch auf das Grundstück angemeldet" (S. 153/ebd.) haben, ist dem Ehepaar klar, dass ihr Unterpachtverhältnis „jetzt nur noch eine Zwischenlösung" (ebd./ebd.) ist und sie nicht dauerhaft am See heimisch werden können. Sie werden eines Tages Abschied nehmen und weiterziehen müssen. Als Unterpächter stehen sie also in einem Gegensatz zu den Besitzern und Besitzerinnen, die durch das Eigentum gebunden sind und durch die Verantwortung ihres Besitzes einen Teil ihrer Freiheit verlieren.

Flexibilität und Mobilität als Rettung

Eigentum als Falle und Gefahr

Doch diesen Besitzern – man denke nur an den Architekten oder den Tuchfabrikanten – war im Romanverlauf wenig Glück beschieden. Eigentum garantiert kein Glück und vor allem auch keine Heimat. Denn die Heimsuchungen stellen sich diesem Glücksanspruch des Individuums entgegen.

Unterschiedliche Heimatvorstellungen im Roman	
Der **Architekt** will „Heimat planen“ (S. 38/S. 35), für immer im Haus am See bleiben und dort sein „Leben an die Erde“ kleben (S. 42/S. 39). Die „Wildnis“ der Natur will er „bändigen“ und mit der Kultur zusammenstoßen lassen (S. 31/S. 28). ↓ **Unglück und Scheitern als Folge der Vorstellung von Heimat als Ort der Sesshaftigkeit**	Die **Unterpächter** akzeptieren das keine Dauer garantierende Unterpachtverhältnis (vgl. S. 153/S. 148). Schwimmen, Segeln und die ungebändigte Natur führen zum Glück: „Das Glück wächst aus der Unordnung heraus.“ (Ebd./Ebd.) ↓ **Glück als Folge von Aktivität in der Natur und einer mobilen Heimatvorstellung**

Metapher der Unordnung

Ganz anders ist es bei den Unterpächtern. Es ist gerade die Begrenzung ihrer Zeit, die das Glück ermöglicht. Eine Naturmetapher, die „Unkraut“ (S. 153/S. 148) mit dem Glück verbindet, macht dies deutlich: „Das Glück wächst aus der Unordnung heraus, so wie die Unordnung aus dem endlichen See herauswächst, dem er jetzt den Rücken kehrt. Er und seine Frau verbringen ihre Wochenenden in einem Werkzeugschuppen, binden ihr Segelboot an einen Steg, der ihnen nicht gehört, und sind dennoch, würde er sagen, ganz und gar glücklich auf dieser unter Vorbehalt geborgten Zelle.“ (Ebd./S. 149) Es sind die Tätigkeiten des Schwimmens und des Segelns, also die Aktivität des Menschen in der Natur, die den Einzelnen bzw. die Einzelne glücklich machen. Darin erinnern die Unterpächter an die Besucherin, die ebenfalls durch eine mobile Heimatvorstellung charakterisiert werden kann, weil es für sie „die Hauptsache ist, dass sie hier wieder schwimmen kann“ (S. 137/S. 132).

Vergleich: Besucherin

Der Gärtner 10 (S. 155 – 156/S. 150)

Auch im zehnten Gärtner-Kapitel ist der Gärtner bedingt durch die Folgen seines Unfalls weiterhin zur Untätigkeit verdammt. Gärtnerarbeiten kann er nicht mehr nachgehen. Stattdessen hilft er – so wird erzählt – der Tochter des Hauses heimlich dabei, über das Gitter des kleinen Balkons vor ihrem Fenster zu steigen, indem er ihr „eine Räuberleiter" (S. 155/S. 150) mit seinen Händen baut. Von den für die Natur und für die Menschen segensreichen Tätigkeiten des Gärtners gibt es nun keine Spur mehr, stattdessen trägt er nun Mitverantwortung dafür, dass sich die Tochter des Hauses „mit einigen Burschen auf dem Steg der Dampfanlegerstelle" (ebd./ebd.) trifft und dort mit ihnen raucht und trinkt. Beim Entfernen einer Baumwurzel findet der Gärtner „eine Kiste mit Porzellan" (ebd./ebd.). Obwohl vor Jahrzehnten geflüchtet, finden sich also jetzt noch Spuren des Architekten auf dem Seegrundstück, die dieser dort 1951 in der vergeblichen Hoffnung, eines Tages an den geliebten Ort zurückzukehren, vergraben hat (vgl. S. 34/S. 31). Die ausgegrabenen Gegenstände haben bei Erpenbeck symbolische Bedeutung. Sie verweisen auf die Flüchtigkeit der menschlichen Existenz und die Dauerhaftigkeit der Dinge. Die Bedeutung des menschlichen Lebens wird dadurch relativiert.

Ausgraben des Porzellans des Architekten

Flüchtigkeit des Menschen und Dauer der Dinge

Der Kinderfreund (S. 157 – 169/S. 151 – 163)

Auch in ihrem vorletzten Kapitel bleibt Jenny Erpenbeck sich treu. Wieder wird die Geschichte eines unglücklichen Menschen erzählt, der im Alter von 50 Jahren auf sein Leben zurückblickt und feststellen muss, dass sich die damaligen Versprechen der Kindheit im Alter nicht erfüllt haben. Überhaupt sind es die Erlebnisse in seinen jungen Jahren, die ihn in der Gegenwart prägen und nicht mehr loslassen. Es ist ihm nicht gelungen, sich von den Erfahrungen der Kindheit zu lösen, er bleibt in ihnen gefangen und verliert

Alter: 50 Jahre – Rückblick aufs Leben

Problem: gefangen in der Kindheit

so die Freiheit, die er benötigen würde, um als Erwachsener ein eigenständiges und glückliches Leben führen zu können. Dies wird ihm langsam bewusst, als er in der Gegenwart das Grundstück seiner Freundin „zum ersten Mal wieder" (S. 159/S. 153) betritt und er dabei gedanklich in die Kindheit abschweift: „[E]r weiß bis heute nicht, was es eigentlich ist, das sich da fortsetzt. Vielleicht gibt es das ewige Leben schon zu Lebzeiten, aber weil es anders aussieht, als man es sich erhofft, nämlich jenseits von dem, was geschehen ist, wie das alte, erkennt es nur niemand. Auch das Haus steht ja noch da, und er weiß nicht, was es ist, was da noch steht." (S. 160/S. 154) Der Kinderfreund hat im Alter von 50 Jahren also das Gefühl, ein Leben zu leben, das nicht das eigentlich geplante und vorgestellte ist. Der Inhalt seines Lebens kommt ihm ewig und nicht individuell oder persönlich vor. Unabhängig von den Ereignissen im Leben eines Menschen läuft die Zeit – das ewige Leben – einfach weiter und beachtet individuelle Schicksale nicht. Der Makrokosmos der Natur, in dem sich der Gärtner heimisch fühlt, steht im Gegensatz zum biografischen Mikrokosmos des Individuums.

Gegensatz Makrokosmos der Natur und biografischer Mikrokosmos

Im Mittelpunkt seiner Erinnerungen steht dabei seine kindliche Liebe zu einer Jugendfreundin, mit welcher er in den Sommern am See durch dick und dünn gegangen ist und gute sowie schlechte Erfahrungen gemacht hat. Wie sich im letzten Kapitel herausstellen wird, handelt es sich bei seiner großen Kindheitsliebe um die Enkelin der Schriftstellerin, der „[u]nberechtigten Eigenbesitzerin" (S. 172/S. 166). Die Erinnerungen des Mannes führen dazu, dass er sich in naiver Weise vorstellt, das Mädchen würde ihn eines Tages heiraten und nunmehr „im Bett neben ihm liegen [...] als seine Frau" (S. 157/S. 151). Doch sein Leben hat dann „einen ganz anderen Verlauf genommen" (ebd./ebd.). Der Kinderfreund ist sich dessen bewusst, dass sein unglückliches und offensichtlich einsames Leben durch

Kindheitsliebe zur Jugendfreundin

Zufälle bestimmt ist: „Aber mit irgendeinem Hätte und Wäre hätte das Leben sich wahrscheinlich auch dann gefüllt und wäre dann wahrscheinlich genauso sein Leben geworden.“ (S. 158/S. 151) Zahlreiche weitere Konjunktive prägen seine Gedanken. Sie stehen symbolisch für die Zufälle, die das Leben eines Menschen ohne dessen aktives Zutun in eine bestimmte Richtung lenken. Die Pläne, die sich der Kinderfreund in jungen Jahren von seinem Leben machte, werden von diesen Zufällen oder auch Heimsuchungen hinweggeschwemmt.

Konjunktive

Die Anekdote des kleinen Jungen namens Daniel (vgl. S. 159/S. 153) untermauert diese These von der Ohnmacht des Individuums angesichts der Zufälligkeit des Lebens. Der Vater des Jungen stirbt an Krebs, nachdem er seine Ehefrau erschossen hat. Als Daniel „nach der Grenzöffnung“ (ebd./ebd.) 1989 zum Tauchen in die Karibik fährt, ertrinkt er dabei. Erneut ist es eine politische Veränderung, für die der Einzelne nichts kann, die dazu führt, dass sich sein Leben rapide verändert und in diesem Fall zum tragischen Tod führt. Dieser Gedankengang von der Ohnmacht des Menschen angesichts der politischen Veränderungen und Heimsuchungen prägt den gesamten Roman. Denn auch der Architekt wird von den politischen Veränderungen in der DDR derart tangiert, dass er in den Westen flüchten muss. Gleiches gilt für den jungen Tuchfabrikanten, der vor dem nationalsozialistischen Terror nach Südafrika flüchtet, oder auch für die Schriftstellerin, die ihr Heil im sowjetischen Exil sucht.

Bedeutung des Zufalls

Unplanbarkeit des Lebens

Ohnmacht des Individuums

Vergleich mit anderen Figuren

Auch die das Kapitel prägende Vergewaltigung der kleinen Nicole durch einen bekannten Jungen namens René dient der Untermauerung dieser These. Denn der Kinderfreund befindet sich rein zufällig mit seiner Freundin in der Scheune, in der sich das Verbrechen an dem zwölfjährigen Mädchen abspielt. Die beiden beobachten die Vergewaltigung aus ihrem Versteck heraus, ohne einzugreifen (vgl.

Gewalterfahrung: Vergewaltigung

S. 165/S. 158). Diese Untätigkeit erfüllt ihn einerseits mit Scham. Andererseits ist er sicher, dass auch diese schreckliche Erfahrung zu einem stärkeren Band zwischen seiner Kindheitsfreundin und ihm führt. Doch das ist ein Trugschluss, wie er Jahrzehnte später erkennt: „Nur eines hatte er damals noch nicht verstanden, nämlich dass seine Freundin dort, wo er lebte, nur ihre Ferien verbrachte." (Ebd./S. 160) Jetzt erkennt er, dass die Hoffnungen der glücklichen Kindheit zu starke Auswirkungen auf sein weiteres Leben gehabt haben. Er erinnert sich daran, wie seine Freundin eines Tages „mit einem Freund vor seiner Tür" (S. 166/S. 161) steht und ihn damit auf den Boden der Tatsachen zurückgebracht hat. Auch in späteren Zeiten taucht seine große Liebe aus der Kindheit in regelmäßigen Abständen dort, „wo er immer noch lebt" (S. 165/S. 160), in Gesellschaft „des einen oder anderen Freundes" (S. 167/S. 161) auf. Obwohl kein Zweifel daran besteht, dass die Liebe seiner Kindheit niemals „seine Frau" (S. 157/S. 151) werden wird, kann er von diesem Gedanken nicht lassen. Sein gegenwärtiges Leben stagniert und entwickelt sich nicht mehr. Zu sehr prägt die aus der glücklichen Kindheit stammende Vorstellung von einer gemeinsamen Zukunft sein Denken, als dass er sich heute im Alter von 50 Jahren davon freimachen könnte.

Trugschluss

Stagnation durch Prägung in der Kindheit

Gegensätze: Glückliche Kindheit und Unglück im Alter

glückliche Kindheit und der naive Glaube daran, dass seine große Liebe später „im Bett neben ihm liegen würde als seine Frau" (S. 157/S. 151)

unglückliches Leben mit 50 Jahren, weil er sich von den Vorstellungen der Kindheit nicht befreien kann und ihnen verhaftet bleibt (vgl. S. 160/S. 153 f.)

Dieses Verhaftetsein im Alten und die Unfähigkeit, sich dem Neuen zu öffnen und ihm mutig zu begegnen, findet sich auch in einem Aphorismus, der dem berühmten deutschen Dichter Johann Wolfgang von Goethe (1749–1832) zugeschrieben wird: „Zwei Dinge sollen Kinder von ihren Eltern bekommen: Wurzeln und Flügel."[1]

Unfähigkeit, sich für Neues zu öffnen

Mit Wurzeln meint der Dichter die Bindung des jungen Menschen an seine Heimat, an Familie und Umgebung. Diese Bindung ist für ihn die Voraussetzung für die Bildung von Urvertrauen und dem Gefühl des Geliebtwerdens. Eine stabile Heimat ist die Voraussetzung für die Ausbildung einer stabilen Ich-Identität. Der Kinderfreund verlebt eine solche glückliche Kindheit, die vor allem von seiner naiven Liebe zu dem Mädchen geprägt ist. Doch zu einem gelingenden Leben gehört auch die Fähigkeit, sich von den Vorstellungen und Örtlichkeiten der eigenen Heimat zu lösen. Dafür stehen im Zitat Goethes die Flügel. Sie symbolisieren die Fähigkeit des Menschen, sich aus den Fesseln der Heimat der Eltern zu befreien, um im Erwachsenenalter ein autonomes, eigenständiges Leben führen zu können. Genau dies gelingt dem Kinderfreund nicht. Er trauert den verpassten Chancen nach und es gelingt ihm nicht, sich von der Vergangenheit zu befreien. Heimat wird damit zu einem Gefängnis. Wirkliche Freiheit als Voraussetzung personalen Glücks wäre möglich, wenn es ihm im Sinne von Edgar Reitz gelänge, „dieses kleine Universum, das wir sozusagen von Geburt an wie einen Uterus mitbringen, zu verlassen. Wir müssen eine Distanz entwickeln, aus der heraus wir entscheiden, ob wir die Verhältnisse so lassen oder nicht, ob wir uns fügen oder nicht fügen in die Traditi-

Nur Wurzeln statt auch Flügel

Heimat als Gefängnis

1 www.zitate-online.de/sprueche/kuenstler-literaten/16973/zwei-dinge-sollen-kinder-von-ihren-eltern.html (Aufruf: 04.12.2023)

onen und Verhältnisse“[1]. Doch genau dieser Ausbruch aus dem Alten gelingt ihm nicht. Das macht ihn zu einem weiteren unglücklichen, einsamen und letztlich heimatlosen Menschen im Roman „Heimsuchung.“

Der Gärtner 11 (S. 170 – 171/S. 164 – 163)

Verschwinden des Gärtners

Das letzte Gärtner-Kapitel erzählt von dessen Verschwinden. Finden die Unterpächter anfangs noch „die Spuren des Gärtners im Schnee“ (S. 170/S. 164) und hören sie von Gerüchten im Dorf, er ernähre sich „schon seit längerer Zeit nur noch von Schnee“ (ebd./ebd.), ist er irgendwann ganz von der Bildfläche verschwunden. Weder die Hausherrin noch die Unterpächter wissen, wo er ist, und machen sich Sorgen. Doch er bleibt verschwunden und wird „seitdem nicht wieder gesehen“ (S. 171/S. 163). So wird sein feucht-schimmeliges Zimmer schließlich abgerissen. Das urplötzliche Verschwinden des Gärtners korrespondiert mit seinem Auftauchen im ersten Kapitel: „Woher er gekommen ist, weiß im Dorf niemand.“ (S. 13/S. 11) Damit wird er zu einer Art mythischer und zeitloser Figur ohne Anfang und Ende. Fast scheint es so, als sei er eines Tages von Gott zu den Menschen geschickt worden, um diesen dort beizustehen. Nach getaner Arbeit hat er sich am Ende zurückgezogen und die Welt den Menschen überlassen. Auch Jenny Erpenbeck selbst betont diese Sonderstellung des Gärtners unter allen anderen Figuren ihres Romans: „Ich finde, er ist so zwischen den Menschen und der Natur, so halb Mensch, halb Natur. Dann ist er natürlich auch das ewige Leben, eine Art mythische Figur.“[2]

Charakter einer mythisch-zeitlosen Figur

---

[1] Edgar Reitz, Deutscher Kulturrat e. V. online, Hans Jessen, 26.02.2019, Berlin, www.kulturrat.de/themen/heimat/heimat-kunst/es-sind-immer-raum-und-zeit/ (Aufruf: 04.12.2023)

[2] www.duo.uio.no/bitstream/handle/10852/57231/Holum-Hansen-Master-Pdf.pdf?sequence=1, S. 96 (Aufruf: 11.12.2023)

Der Gärtner …	
… ist unbekannter Herkunft: „Woher er gekommen ist, weiß im Dorf niemand." (S. 13/S. 11) Er taucht einfach eines Tages im Dorf auf.	… verschwindet eines Tages einfach ins Unbekannte und „wird seitdem nicht wieder gesehen […]" (S. 171/S. 165).
⬇ **Die mythisch-zeitlose Figur des Gärtners symbolisiert das „ewige Leben".**	

Die unberechtigte Eigenbesitzerin (S. 172 – 185/S. 166 – 180)

Das letzte Romankapitel handelt von der Enkelin der Schriftstellerin, die das Haus nach ihrer Rückkehr aus dem Exil in der Sowjetunion während der Zeit des Nationalsozialismus bewohnt (vgl. S. 112 ff./S. 107 ff.). Es spielt Jahre nach dem Fall der Mauer. Die DDR, in welcher die Frau ihre Sommer im schönen Haus am See oft gemeinsam mit ihrem Kinderfreund (vgl. S. 157 ff./S. 151 ff.) verbracht hat, gibt es längst nicht mehr. Das westlich-kapitalistische Gesellschaftsmodell hat den Kampf mit der sozialistischen Konkurrenz gewonnen. Doch für die Frau herrscht dadurch keine Klarheit, denn die Besitzverhältnisse sind unklar. Nach dem Ende der DDR 1990 hatten viele irgendwann in den Westen Geflüchtete bei deutschen Gerichten Anträge auf Rückerstattung ihres verlorenen Besitzes gestellt. Sie wollten also die Immobilien, die sie im Zuge einer Enteignung durch den diktatorischen Überwachungsstaat DDR verloren hatten, zurückerhalten. Jahrelang warten die Frau und ihr mehr und mehr desinteressierter Vater auf die Entscheidung des zuständigen Gerichts. In dieser Zeit verfällt das Haus am See zusehends, weil den aktuellen Besitzern das notwendige Geld fehlt, um es in Stand zu halten.

Folgen des Mauerfalls

Unklare Besitzverhältnisse

Verfall des Hauses

Juristische Fachsprache: neutral-sachlich

Zum Auftakt des Kapitels wird in fachsprachlichem Juristendeutsch der komplizierte Fall geschildert: „Klagend: Herausgabe und Räumung des Grundstücks, des Hauses, gegen geleistete Ausgleichszahlung. Widerklagend. Ob Erwerb redlich, ob dingliches Nutzungsrecht gegeben, dabei nicht streiterheblich. Neun acht fünf BGB Anspruchsgrundlage der Kläger. Unstreitig. Unmittelbarer Besitz." (S. 172/S. 166) Die neutral-sachliche Fachsprache wirkt – in Kontrast zu den Gefühlen, welche die betroffene Frau im Anschluss zeigt – unmenschlich und unbarmherzig. Die Welt der Verwaltung und der Gesetze wird der tatsächlichen Situation – für die Frau bedeutet das Haus am See ihr Leben – nicht gerecht, sondern koppelt sich von der Emotionalität und Betroffenheit ab. Das formaljuristisch korrekte Urteil sorgt dafür, dass die Erben des 1951 in den Westen geflüchteten Architekten das Haus mitsamt seinem Grundstück zurückerhalten. Damit wird die Enkelin der Schriftstellerin mit Inkrafttreten des Urteils zur „[u]nberechtigten Eigenbesitzerin" (ebd./ebd.), die das Haus verlassen muss.

Prozessfolgen: Enteignung

Grundsituation: Abschied vom Haus

Die geschilderte Grundsituation ist der Ausgangspunkt des letzten Romankapitels. Die Frau, der das Haus ihrer Kindheit alles bedeutet, muss Abschied von dem verfallenen und längst ausgeräumten Gebäude nehmen: „Und jetzt will sie noch einmal ins Haus gehen." (S. 173/S. 166) Bei ihrem fast rituell anmutenden Gang durch das Haus, der den Charakter einer Totenwache hat, haben die Lesenden teil an ihren aus einer personalen Perspektive geschilderten Gedanken. Dabei bemerkt sie zuerst, dass der Ort ihrer idyllischen Kindheit kein „Garten Eden" (ebd./S. 167) mehr ist, sondern „vom Schwamm befallen" (ebd./ebd.). Das Haus zerfällt, und dieser Zerfall ist überaus schmerzhaft für die unberechtigte Eigenbesitzerin. Zwischenzeitlich hat ein Investor zwar „den Schwamm beseitigt, das Dach neu gedeckt, die alten Bäder […] herausgerissen" (S. 176/S. 170), doch hat dann der unklare Rechtsstatus dazu geführt, dass

Melancholie und Trauer

die Renovierungsarbeiten eingestellt wurden und sich das Haus nun, zum Zeitpunkt ihres Rundgangs, in einem bedauernswerten, von „Kot und Urin der Marder" (S. 177/S. 171) verdreckten Zustand befindet. Doch all der Staub und Dreck ändern nichts an der Melancholie und Trauer, die die Frau empfindet, als sie ihre Begehung vornimmt. Zu stark sind ihre Erinnerungen an die glückliche Zeit ihrer Kindheit in diesem Haus, als dass sein gegenwärtiger Zustand dies überdecken könnte: „Der Schrank, durch den sie ins Schrankzimmer hinaustritt, riecht, wie zu Lebzeiten ihrer Großmutter, noch immer nach Pfefferminz und Kampfer." (Ebd./Ebd.) Es ist derselbe Geruch, den schon die Frau des Architekten vor einigen Jahrzehnten in diesem Haus roch (vgl. S. 75/S. 72); auch der Rotarmist nimmt ihn wahr (vgl. S. 96, 99/S. 92, 94). Es sind also nicht nur einmal vergrabene Gegenstände, die irgendwann von einem anderen Menschen ausgegraben werden und an gelebtes und vergangenes Leben erinnern. Auch die Gerüche haben im Roman eine symbolische Bedeutung, indem sie die sich daran erinnernden Menschen in Melancholie versetzen.

Erinnerungen: Geruch

Diese Melancholie und Trauer führen bei der unberechtigten Eigenbesitzerin dazu, dass sie sich dazu entschließt, das Haus aufzuräumen: „Ohne, dass sie darüber nachdenken müsste, beginnt sie, die Halme vom Schreibtisch zu wischen, geht dann wieder hinunter, um Besen, Schaufel, Handfeger und Lappen zu holen." (S. 177/S. 171) Stundenlang säubert sie nun in erschöpfender Arbeit ohne Unterlass den Ort ihrer Kindheit; sie fegt und wischt, holt Wasser aus dem See und lüftet, indem sie „warme Sommerluft in das Haus" (S. 178/S. 172) lässt. Ihre Aufräum- und Putzaktion benötigt mehrere Tage. Die Frau achtet darauf, dass sie dabei nicht beobachtet wird, und betritt das Grundstück nur, „wenn niemand zu sehen ist" (S. 179/S. 173). Von außen betrachtet erscheint ihre Arbeit sinnlos, denn das Haus gehört ihr durch die Gerichtsentscheidung nicht mehr und

Entschluss: Aufräumarbeiten

Aufräumen als Abschiednehmen

sein Zustand legt die Vermutung nahe, dass es zeitnah abgerissen werden wird. Doch das Aufräumen geschieht nicht für die neuen alten Besitzer des Hauses, sondern für sie selbst. Es hat eine psychisch entlastende Wirkung im Prozess des Abschiednehmens.

Aufräumen als Abschiednehmen

Fegen, Wischen, Schrubben, Entstauben (vgl. S. 177 ff. /S. 171 ff.) → Lüften (vgl. S. 184/S. 178) und Abschließen des Hauses → **Versuch, mit dem Verlust des Hauses umzugehen**

Besuch einer Maklerin

Wie wichtig ihr dieser Abschied ist, wird auch deutlich, als eines Morgens eine Maklerin mit möglichen Kaufinteressenten ins Haus kommt (vgl. S. 179/S. 173). Die unberechtigte Eigenbesitzerin schläft zu diesem Zeitpunkt noch im Schrank, „wo sie auch ihre Vorräte aufbewahrt und ein paar Kleidungsstücke zum Wechseln“ (ebd./ebd.). Von dort aus hat sie als heimliche Zuhörerin teil an einem banalen Verkaufsgespräch, das der Bedeutung des Hauses für sie selbst nicht gerecht wird. Die Maklerin hebt die Vorteile des Gebäudes hervor, während die potenziellen Käufer auf dessen sichtbare Schwächen eingehen, um den Kaufpreis zu drücken.

Der Besuch der Maklerin lässt keinen Zweifel daran, dass das Haus für die Frau verloren ist. Sie muss Abschied nehmen. Dieser Zwang führt zu einer inneren Leere: „Das Haus ist jetzt so leer, dass es nicht viel Gewicht haben würde, wenn sie ihm befehlen würde, sich in die Lüfte zu erheben und fortzuschweben." (S. 181/S. 175) Es scheint, als habe die Frau mit all dem Dreck und Staub auch ihre Kindheitserinnerungen aus dem Haus gefegt. Erpenbecks Metapher von der Gewichtslosigkeit des Hauses wirkt auf den ersten Blick befreiend für die Frau. Es scheint ihr gelungen, sich im Zuge der äußeren Reinigung auch innerlich befreit zu haben. Doch dieser Eindruck täuscht: „Jetzt wusste sie nur nicht, wohin schweben." (S. 182/S. 176) Metaphorisch wird an dieser Stelle deutlich, dass die Frau die durch den Verlust des Hauses entstandene innere Leere nicht mit neuem Inhalt zu füllen in der Lage ist. Die Leere ist Ausdruck ihres Heimwehs, als sie gewahr wird, dass die eigene Heimat der Kindheit endgültig verloren gegangen ist, und damit auch ein wesentlicher Teil ihrer eigenen Identität. Auch ihr Ratgeber kann ihr über dieses Verlustgefühl nicht hinweghelfen: „Was willst du, hatte ihr Mann ihr immer gesagt, wenn sie, die nun unberechtigte Eigenbesitzerin, mit ihm über das Grundstück sprach: Du hast deine Zeit dort gehabt." (S. 183/S. 177) Doch die Worte ihres Ehemanns sind kein wirklicher Trost und bleiben folgenlos. Die „schöne Kindheit" (ebd./ebd.) wächst ihr „über den Kopf" (ebd./ebd.), indem sie sie nicht mehr loslässt. Der Abschied vom Haus gelingt nicht, es bleibt ein „sehr schönes Gefängnis" (ebd./ebd.). Das Oxymoron macht die Widersprüchlichkeit ihrer Gefühle deutlich. Das schöne Gefühl, das sich beim Anblick des Hauses in der Erinnerung einstellt, geht einher mit einem Verlust an Freiheit, denn es bindet sie „an dieser Erde fest" (ebd./ebd.). Sesshaftigkeit und die Bindung an einen bestimmen Ort haben erneut negative Folgen für den Einzelnen bzw. für die Einzelne. Darin erinnert die unberechtigte Eigenbesitzerin sowohl an den Architekten, der sein Leben an die Erde „klebt" (S. 42/S. 39), als auch an ihren Kinderfreund, der sich von den Ereignissen seiner Kindheit auch als Erwachsener nicht befreien kann (vgl. S. 160/S. 154).

Metapher: Gewichtslosigkeit des Hauses

Innere Leere und Orientierungslosigkeit

Unverständnis des Ehemanns

Oxymoron

Vergleich mit anderen Figuren

Am letzten Tag ihres heimlichen Besuches am Ort ihrer Kindheit empfindet die Frau einen „Hausfrieden" (S. 184/S. 178). Ein allerletztes Mal säubert sie das Gebäude. Der Vorgang begleitet ihr Abschiednehmen und gewinnt rituellen Charakter: „Das Fegen galt bei den Azteken als eine heilige Handlung." (Ebd./S. 179) Zuletzt schließt sie „die Haustür ab, obgleich sie nicht weiß, wie das möglich sein kann, weil alles, was sie da abschließt, so weit innen liegt, und der Teil der Welt, in den sie zurückweicht, so weit außen" (S. 185/ebd.). Damit ist klar, dass die unberechtigte Eigenbesitzerin einen Teil ihrer Identität in dem Haus zurücklässt. Die verlorene Heimat verursacht damit einen bleibenden Identitätsverlust, der ihr weiteres Leben prägen wird. Auch am Ende des Romans gönnt Jenny Erpenbeck ihrer Figur also erneut kein Happy End. Ihre letzten Worte sind – typisch für die Sprache der Dichterin – in sachlichem Juristendeutsch verfasst. Sie verdeutlichen die Ohnmacht und Unfreiheit der Figur angesichts der Heimsuchung der politischen Wende, die zum Verlust des Hauses und damit ihrer Identität geführt hat: „Den Überschuss zu meinen Händen auszukehren. Außerhalb der Rechtsmacht. Anlagenkonvolut B 3. Wir beantragen zu erkennen." (Ebd./Ebd.)

Fegen als ritueller Abschied

Identitätsverlust

Ohnmacht und Unfreiheit

Epilog (S. 186 – 188/S. 181 – 183)

Funktion: Rahmen der Handlung

So wie Jenny Erpenbeck ihren Roman mit einem Prolog beginnen lässt (vgl. S. 9 ff./S. 9 f.), so lässt sie ihn auch mit einem Epilog ausklingen. Prolog und Epilog geben dem inneren Binnengeschehen also einen Rahmen und kommentieren es.

Abriss des Hauses

Erzählt wird, wie das Haus am See, das über nahezu ein Jahrhundert so vielen unterschiedlichen Menschen zur vorübergehenden Heimat und zum Ort des zeitweiligen Glücks geworden ist, abgerissen und dem Erdboden gleichgemacht wird. Damit gleicht das Grundstück am Ende wieder dem ursprünglichen und natürlich-unbebauten Zustand, den schon der Prolog beschreibt.

Die Besonderheit dieses Vorgangs besteht vor allem darin, dass der Abriss völlig emotionslos, sachlich und neutral geschildert wird. Kein Wort des Bedauerns gönnt Erpenbeck den Lesenden. Diese werden in Form von sachlich-nüchterner Fachsprache der Abriss- und Entsorgungstechnik über den Vorgang in Kenntnis gesetzt. Zahlen und durch verwaltungs- und baurechtlich streng reglementierte technische Vorgänge ersetzen die Erinnerungen und Gefühle der Menschen, die das Haus über Jahrzehnte hinweg bewohnt haben und an denen die Lesenden im Akt ihrer Lektüre teilhatten: *„Das Abtragen des Hauses erfolgt […] durch eine Gruppe von drei Mann, darunter ein Polier, der den Bagger führt, und zwei Helfer, die während des Abrisses kleinere Teile, die sich verkantet haben, oder weiteres Holz oder Metall mit der Hand herausbrechen und in die entsprechenden Container sortieren, diese zwei Helfer müssen außerdem durch einen Wasserschleier den Staub niederhalten.“* (S. 187/S. 181) Die hier verwendete, an ein Verlaufsprotokoll erinnernde Sprache kontrastiert stark mit den von tiefen und überaus menschlichen Emotionen geprägten Aussagen der unberechtigten Eigenbesitzerin, die im vorausgehenden Kapitel Abschied nehmen muss von dem Haus ihrer Kindheit, der nun dem Erdboden gleichgemacht wird. Dieser Kontrast ist ein weiteres Beispiel für die Fähigkeit Erpenbecks, unterschiedliche Stilebenen und Textarten miteinander zu kombinieren.

Emotionslose, sachliche und neutrale Sprache

Kontrast zwischen Sprache und Vorgang

Mit der Entscheidung, den Einzelschicksalen ihrer Figuren einen Rahmen zu geben, relativiert die Autorin die Bedeutung des gesamten Romangeschehens. Für sich genommen sind die Schicksale ihrer Figuren bedeutsam und tragisch. Im großen Zusammenhang der Zeit, im ewigen Kreislauf von Werden und Vergehen werden sie jedoch eines Tages vergessen werden.

Relativierung der Einzelschicksale

Der Aufbau des Romans „Heimsuchung“		
Prolog	**Binnenhandlung**	**Epilog**
Entstehung der märkischen Landschaft vor mehr als 24 000 Jahren	die episodenhaften Geschichten von 12 Menschen auf der verzweifelten Suche nach Heimat, die meist nicht erfolgreich ist oder nur von kurzer Dauer	vorschriftsmäßiger, technisch perfekter Abriss des Hauses am See
⬇ **Rahmenfunktion von Pro- und Epilog:** Relativierung der biografischen Schicksale durch Einbettung in großen zeitlichen Kontext		

Hoffnung am Ende

Einen kleinen Hoffnungsschimmer aber gönnt Jenny Erpenbeck ihren Leserinnen und Lesern mit ihrem letzten, den Roman beschließenden Satz: *„Bevor auf demselben Platz ein anderes Haus gebaut werden wird, gleicht die Landschaft für einen kurzen Moment wieder sich selbst.“* (S. 188/S. 183) Es besteht also die Möglichkeit, dass in dem neu zu bauenden Haus ein weiterer und dieses Mal möglicherweise sogar erfolgreicher Versuch unternommen werden wird, dauerhafte und den Menschen beglückende Heimat zu finden. Doch das ist nur ein kleiner Trost. Insgesamt lässt die Botschaft des Romans keinen Zweifel an dem desillusionierenden Eindruck, dass es dem modernen Menschen kaum möglich ist, dauerhaft sesshaft zu werden und sich damit eine beglückende Heimat zu sichern.

Hintergründe

Die Dichterin Jenny Erpenbeck – Eine Kurzbiografie

Die Dichterin Jenny Erpenbeck wurde am 12. März 1967 in Ost-Berlin geboren. Sie verbrachte ihre Kindheit und Jugend also bis zum Fall der Mauer 1989 und der Wiedervereinigung beider deutscher Staaten 1990 in der sozialistischen DDR. Ihre Eltern sind der Philosoph, Schriftsteller und Physiker John Erpenbeck und die Arabisch-Übersetzerin Doris Kilias. Ihre Großeltern väterlicherseits waren die Dichter Fritz Erpenbeck (1897 – 1975) und Hedda Zinner (1904 – 1994), die zu Zeiten der NS-Diktatur unter Adolf Hitler in die Sowjetunion flüchteten und erst nach dem Ende des Zweiten Weltkrieges aus ihrem erzwungenen Exil in die DDR zurückkehrten. Dort gehörten beide schnell zur intellektuellen Führungselite des neuen deutschen Staates. Jenny Erpenbeck hat diesen Teil ihrer Familiengeschichte in den Roman „Heimsuchung" integriert, indem sie in ihrem Kapitel „Die Schriftstellerin" zwei Figuren auftreten lässt, die versuchen, in dem Haus am See eine neue Heimat zu gewinnen, und deren Biografien denen ihrer Großeltern ähneln. Auch das Haus am Scharmützelsee, das in dem Roman den Figuren für eine gewisse Zeit Heimat ist, hat demnach eine reale Vorlage. Fritz Erpenbeck und Hedda Zinner lebten viele Jahre in einem solchen Haus am See, das sie aus rechtlichen Gründen nach der Wende an die Alteigentümer aus dem Westen, im Roman „Heimsuchung" also an die Erben des Architekten, abtreten mussten. Der Verlust des Hauses, in dem Jenny Erpenbeck selbst viele schöne Tage vor allem in den Sommerferien verbracht hat, schmerzt die Dichterin bis heute. So meint sie in einem Interview über ihr einstiges Kindheits-

Geb. 1967 in Berlin
Kindheit in der DDR

Hintergrund des Romans: eigene Familiengeschichte

Persönliche Heimsuchung der Dichterin Erpenbeck

paradies: „Ich gebe zu, dass es ein solches Haus in Wirklichkeit gegeben hat. Dass wir es [...] durch die Restitution[1] an den Alteigentümer verloren haben und ich heimgesucht worden bin, insofern, als ich über Monate hinweg von dem Haus geträumt habe."[2]

Die Spurensuche in den Ruinen der verhängnisvollen deutschen Geschichte geht in diesem Roman also mit der persönlichen Familiengeschichte der Dichterin einher und hat einen autobiografischen Hintergrund. Daher lässt sich vermuten, dass sich hinter der letzten Figur des Romans, der unberechtigten Eigenbesitzerin, Jenny Erpenbeck selbst verbirgt. Im persönlichen Gespräch erscheint der Verlust des Hauses als ein Verlust von Heimat und damit auch als Verlust eines Teils ihrer Identität. Im Roman selbst wird der autobiografische Zusammenhang jedoch nicht explizit thematisiert: Erpenbeck „ist zu diskret und distanziert, um auch nur ein Wort darüber zu verlieren; aber jedes Wort verrät, was dieses Haus für sie bedeutete"[3].

Schullaufbahn

In ihrer Kindheit und Jugend besuchte Jenny Erpenbeck die Erweiterte Oberschule in Ost-Berlin. Dort legte sie 1985 erfolgreich das Abitur ab. Daran schloss sich eine zweijährige Ausbildung zur Buchbinderin an. Am Kleist-Theater in Frankfurt an der Oder folgte ein praktisches Jahr als Requisiteurin sowie als Ankleiderin an der Staatsoper in Berlin. Die Dichterin hat also in ihren jungen Jahren zuerst eine vor allem praktische Ausbildung genossen. Dieses Interesse an praktischen Tätigkeiten spiegelt sich auch im Roman

Ausbildung

---

[1] Restitution von Kulturgütern: Rückerstattung geraubter, unrechtmäßig enteigneter, erpresster oder zwangsverkaufter Kulturgüter oder Besitztümer an die legitimen Voreigentümer oder deren Rechtsnachfolger

[2] Maren Schuster, Martin Paul, Man kann sich sein Verhältnis zur Vergangenheit nicht aussuchen, Planet Interview online, 01.09.2008, Berlin, www.planet-interview.de/interviews/jenny-erpenbeck/34662/ (Aufruf: 11.12.2023)

[3] www.faz.net/aktuell/feuilleton/buecher/rezensionen/belletristik/das-haus-am-scharmuetzelsee-1517206.html (Aufruf: 11.12.2023)

„Heimsuchung“, beispielsweise in den detaillierten Beschreibungen der Arbeit des Gärtners oder den genauen Informationen über den Ablauf des Abrisses des Hauses am Ende des Romans im Epilog.

Studium

Erst im Anschluss an ihre praktische Ausbildung nahm Jenny Erpenbeck ein Studium der Theaterwissenschaften an der Humboldt-Universität Berlin auf, das sie jedoch bereits nach zwei Jahren aufgab. 1990 wechselte sie an die Hochschule für Musik „Hanns Eisler“ nach Berlin, wo sie Musiktheater-Regie studierte. Schon drei Jahre später assistierte sie einem der bedeutendsten deutschsprachigen Dramatiker der zweiten Hälfte des 20. Jahrhunderts, Heiner Müller (1929 – 1995), bei dessen Produktion der Oper „Tristan und Isolde“ von Richard Wagner im Rahmen der bekannten Bayreuther Festspielen.

Arbeit als Opernregisseurin und Schriftstellerin

Nach dem Ende ihres Studiums arbeitete Jenny Erpenbeck ab 1997 in zahlreichen Inszenierungen als Regisseurin in Österreich und Deutschland. Doch die Arbeit als Opernregisseurin war ihr schnell nicht genug, sodass sie nebenher – ganz in der familiären Tradition ihres Vaters und ihrer Großeltern – die schriftstellerische Laufbahn einschlug.

Publikationen „Geschichte vom alten Kind“ (1999)

1999 erschien ihr erster Roman mit dem Titel „Geschichte vom alten Kind“, der das berühmte Kaspar-Hauser-Motiv aufgreift. Darin geht es um ein Mädchen, das eines Nachts auf einer Straße aufgefunden wird und einen Eimer in seiner Hand hält. Niemand weiß, woher dieses Mädchen kommt, was es mit ihm auf sich hat und ob es Eltern hat. Auch der Umgang mit der rätselhaften Person gerät für die irritierte und zunehmend ratlose Umwelt schwierig, sodass sie schließlich in ein Heim gebracht wird. Einige Rezensenten deuten das Debüt Erpenbecks als eine Parabel bzw. Beispielgeschichte auf die vielen Menschen, die seit dem Ende der DDR 1990 orientierungslos in einem ihnen unbekannten kapitalistischen System lebten und ihren Halt verloren hatten. Bereits in ihrem ersten Roman finden sich al-

Wende-Literatur

Jenny Erpenbeck

so Hinweise auf ein Thema, das die Autorin bis heute nicht loslässt: den Umgang mit dem Ende der DDR und den Folgen, die dieser Bruch für die dort lebenden Menschen hatte. Einige Teile ihres Werkes lassen sich deshalb zur sog. Wende-Literatur zählen, die sich mit den kulturellen, sozialen, ökonomischen sowie gesellschaftlichen Folgen des Mauerfalls literarisch beschäftigt. Den in diesem Zusammenhang häufig gehörten Vorwurf, einige Dichterinnen und Dichter würden auf melancholisch-naive Art und Weise in ihren Werken der DDR nachtrauern und ihn fälschlicherweise glorifizieren, kann man Erpenbeck dabei sicher nicht machen. Denn auch in „Heimsuchung" erfahren die Lesenden im Kapitel „Die Schriftstellerin" genug über das schnelle Ende vom Traum bzw. der Utopie von einem gerechteren deutschen Staat, der in Wahrheit ein diktatorischer Überwachungsstaat war.

„Heimsuchung" (2008)

2008 erscheint der Roman „Heimsuchung", der sich vor dem Hintergrund von zwölf episodisch entwickelten Biografien mit der verhängnisvollen deutschen Geschichte im 20. Jahrhundert auseinandersetzt und die Frage stellt, wie das einzelne Individuum mit den schwerwiegenden historischen und politischen Zäsuren und Umbrüchen, wie der NS-Diktatur oder dem Zweiten Weltkrieg, der Teilung

Deutschlands in zwei Staaten oder deren Wiedervereinigung, umgeht und versucht, auch in unruhigen Zeiten Heimat zu finden und somit glücklich zu werden. Erpenbecks Roman wurde vom „Institut für Qualitätssicherung“ (IQB) im Auftrag der Kultusministerkonferenz als verbindliche Abiturlektüre im Fach Deutsch festgelegt. Im Zeitraum von drei Jahren (2026 – 2028) werden daher Zehntausende angehender Abiturientinnen und Abiturienten „Heimsuchung“ lesen und sich mit dem Thema „Heimat in Vergangenheit und Gegenwart“ auseinandersetzen.

„Aller Tage Abend“ (2012) „Gehen, ging, gegangen“ (2015)

Auch die Folgeromane „Aller Tage Abend“ (2012) und „Gehen, ging, gegangen“ (2015) wurden wie ihr erster Roman mit zahlreichen nationalen wie internationalen Literaturpreisen ausgezeichnet, von denen der Breitbach-Preis (2013), der Europäische Literaturpreis (Niederlande, 2015) oder der Thomas-Mann-Preis (2016) herausragen. Erpenbecks jüngster Roman „Kairos“ erschien 2021. Auch in diesem 2022 mit dem Uwe-Johnson-Preis dekorierten Text spielt die DDR-Vergangenheit der Autorin eine Rolle: Ein erst neunzehnjähriges Mädchen und ein verheirateter Mann in seinen 50ern begegnen sich zufällig Ende der 1980er-Jahre in Ostberlin. Selbst die Wirren und das Chaos der untergehenden DDR und des politischen Umbruchs nach dem Mauerfall 1989 lassen das ungleiche Paar nicht voneinander loskommen.

„Kairos“ (2021)

Stefan-Heym-Preis

2023 wurde die Dichterin zudem mit dem renommierten Internationalen Stefan-Heym-Preis ausgezeichnet. In ihrer Laudatio stellte die sächsische Sozialministerin Petra Köpping (SPD) heraus, dass Erpenbecks klare und verständliche Sprache der intensiven literarischen Auseinandersetzung mit brisanten und aktuellen gesellschaftspolitischen Themen diene.[1] Betont wird besonders, dass es der Dichterin in

[1] Vgl. www.lesering.de/id/4910083/Jenny-Erpenbeck-erhalt-Stefan-Heym-Preis-2023/ (Aufruf: 11.12.2023).

Jenny Erpenbeck erhält im April 2023 den Stefan-Heym-Preis

ihrer Arbeit immer wieder gelinge, ihre persönliche Vergangenheit als Bürgerin der DDR und die damit verbundene Wende-Erfahrung in den literarischen und gesellschaftlichen Diskurs einzubringen. Dadurch ermögliche sie den notwendigen und immer noch nicht abgeschlossenen Dialog und die Verständnisbemühungen zwischen den Menschen in Ost- und Westdeutschland. „Wir brauchen Menschen, die sich mit geschriebenen und gesprochenen Worten zum Nachdenken anregend für die Werte unserer Gesellschaft einsetzen“[1], so Petra Köpping bei der Preisverleihung.

Dialog zwischen Ost- und Westdeutschen

Jenny Erpenbeck ist seit 2014 Mitglied der angesehenen Darmstädter Akademie für Sprache und Dichtung, seit 2015 auch der Akademie der Künste in Berlin. Sie arbeitete auch als Dozentin und Poetik-Professorin an unterschiedlichen Universitäten. Ihre Werke sind mittlerweile in über 30 Sprachen übersetzt, darunter ins Englische, Französische, Spanische, Italienische, Türkische, Arabische und Hebräische. Die also auch international bekannte Dichterin ist mit dem

[1] www.chemnitz.de/chemnitz/de/kultur/internationaler-stefan-heym-preis/index.html (Aufruf: 18.01.2024)

Dirigenten Wolfgang Bozic verheiratet, mit dem sie einen Sohn hat. Gemeinsam lebt die Familie heute in Berlin-Mitte.

Die große Geschichte: Ein historischer Abriss des 20. Jahrhunderts

Jenny Erpenbecks Roman „Heimsuchung“ erzählt ausschnitthaft die Geschichte von zwölf Menschen, die sich über nahezu das gesamte 20. Jahrhundert erstreckt. Es ist ein Haus an einem märkischen See sowie das dieses umgebende Grundstück, das die Menschen eint, beginnend mit einem Großbauern in der Weimarer Republik, endend mit der Rückgabe des Hauses der unberechtigten Eigentümerin an die rechtmäßigen Besitzer aus dem Westen in der Nachwendezeit. Für die Lesenden ist die Handlung schwer nachzuvollziehen, weil die einzelnen Kapitel zeitlich nicht aufeinander folgen, sondern sich überschneiden, es zu Rückblenden oder Vorausblicken kommt und sie oft nur indirekt miteinander verknüpft sind. Während die Menschen Heim und Heimat suchen, werden sie von historischen und politischen Heimsuchungen verfolgt, von Krieg, Flucht und Vertreibung im Räderwerk der Geschichte zermalmt. Dabei stehen bei Erpenbeck immer die kleinen Geschichten ihrer Figuren im Mittelpunkt, deren Einzelschicksale die deutsche Geschichte des 20. Jahrhunderts exemplarisch spiegeln. Das Haus am See wird so zu einer Art Erinnerungsort für die Schlüsselereignisse der deutschen Geschichte des 20. Jahrhunderts. Für die Lesenden ist das Wissen um diese zentralen historischen Geschehnisse dieser Zeit im Hinblick auf die Einordnung des Geschehens und das Verständnis der Handlung unverzichtbar, um das eher fragmentarische Gewebe von Menschenschicksalen nachvollziehen zu können. Um die Spuren des Einzelnen/der Einzelnen im Makrokosmos der Geschichte einordnen zu

Im „Räderwerk der Geschichte“

Erinnerungsort: Haus am See

können, bedarf es daher eines Grundwissens über die historischen Schlüsselereignisse im Deutschland des 20. Jahrhunderts:

Deutschland als „verspätete Nation“

Rasante Veränderung in der Moderne

Wandel der Lebensformen

Mit der Gründung des Deutschen Kaiserreichs 1871 unter Kaiser Wilhelm I. (1797 – 1888) dynamisierte sich auch in der „verspäteten Nation“ Deutschland das Wachstum der Wirtschaft. Die Industrialisierung sorgte beispielsweise für ein rasantes Wachstum der Städte. 1825 hatte Berlin nur etwa 220 000 Einwohner, 1871 bereits 826 000. 1925 lebten über 4 000 000 Menschen in der deutschen Hauptstadt, die von zunehmender Hektik, von Lärm, Dreck, Fabrikarbeit und der Verarmung breiter Bevölkerungsschichten geprägt war. Mit diesen rasanten Veränderungen, vor allem mit dem Tempo des Kapitalismus und dem tiefgreifenden Wandel der Lebensformen, hielt die Gesellschaft jedoch mental nicht mit. Weite Teile der deutschen Bevölkerung dachten weiterhin konservativ und nationalistisch. Ihr Denken hielt mit der Modernisierung der alten Lebensformen nicht Schritt. Das fiel auch dem Dichter Theodor Fontane (1819 – 1898) auf. Er kritisierte in seinen Gesellschaftsromanen (z. B. „Effi Briest“, 1894) patriarchalisches und materialistisches Denken sowie fehlende Emanzipationsmöglichkeiten seiner Zeit. In „Heimsuchung“ finden sich Spuren dieser widersprüchlichen Zeit im ersten Figurenkapitel „Der Großbauer und seine vier Töchter“ (vgl. S. 14 ff./ S. 12 ff.). Beschrieben wird hier das Leben eines reichen Dorfschulzen in den 1930er-Jahren, dessen Frau gestorben ist und der daher allein seine vier Töchter großziehen muss. Der strenge Vater ist dabei mehr auf sein gesellschaftliches Ansehen und die Wahrung seiner Position im Dorf bedacht als auf das Lebensglück seiner Kinder. Diese müssen sich den strengen Regeln, Traditionen und Ritualen der Gesellschaft beugen und finden die für ein eigenverantwortliches Leben notwendige Freiheit nicht. Selbst das Heiraten, eigentlich ein Akt des Glücks und der Beginn eines neuen Lebensabschnittes, wird von gesellschaftlichen Vorgaben dominiert: „Wenn eine heiratet, darf sie sich ihr Brautkleid nicht selbst aussuchen.“ (S. 14/S. 12)

Mit dem Ende des Ersten Weltkrieges (1914 – 1918) bekamen die Deutschen in der Weimarer Republik (1918 – 1933) erstmals auf Dauer eine freiheitlich-demokratische Verfassung. In anderen Ländern war dies längst der Normalfall. Doch auch nach der Katastrophe des verlorenen Ersten Weltkrieges hielt in dem neuen deutschen Staat das Denken der Menschen mit der politischen Entwicklung nicht Schritt: Vordemokratische und konservative Denkmuster und ein aggressiver und antimodernistischer Nationalismus ermöglichten am Ende der 1920er-Jahre den Aufstieg Adolf Hitlers, der die Demokratie als Staatsform verachtete und die Instabilität des politischen Systems 1933 zur Machtübernahme nutzte.

Erster Weltkrieg
Weimarer Republik

Aufstieg Hitlers

Schnell wandelte der radikale und rücksichtslose Politiker das Land in eine totalitäre Führer-Diktatur um. Liberale

Reichspräsident Paul von Hindenburg ernennt Adolf Hitler am 30. Januar 1933 zum Reichskanzler

Zwang zur Flucht aus Deutschland

Gegner und Gegnerinnen wurden brutal bekämpft. Weitsichtige Künstlerinnen und Künstler, Intellektuelle und Dichter und Dichterinnen, aber auch andere Deutsche sahen sich gezwungen, das Land zu verlassen, da sie um ihr Leben fürchten mussten. In „Heimsuchung“ sind von diesem Schicksal mehrere Figuren betroffen: Zu nennen ist an dieser Stelle vor allem die Familie des jungen Tuchfabrikanten Ludwig, der in der 1930er-Jahren eine der drei Parzellen des Grundstücks vom Großbauern kauft und darauf ein Haus baut, in dem er mit seiner Familie leben möchte. Da er Jude ist, werden er und seine Familie zunehmend drangsaliert und er entschließt sich, gemeinsam mit seiner Frau Anna nach Südafrika auszuwandern, um dort in Frieden und Sicherheit leben zu können. Doch auch im Exil wird er nicht dauerhaft heimisch. Oft kreisen seine wehmütigen und melancholischen Gedanken in der Wärme Südafrikas zurück in die deutsche Heimat, die ihn nicht loslässt.

Exilanten: z. B. Erpenbecks Großeltern

Aufklärung über Unrecht

Die aus Deutschland geflüchteten Menschen versteckten sich in der Fremde ihres Exils nicht. Vor allem Intellektuelle und Schriftsteller/-innen wie Anna Seghers (1900 – 1983), Erpenbecks Großmutter Hedda Zinner (1904 – 1994) oder Bertolt Brecht (1898 – 1956) schrieben aus dem Exil gegen die Unrechtsherrschaft und Unmenschlichkeit des NS-Regimes an und wurden zu Akteuren und Akteurinnen der Exilliteratur. Der weltweit bekannte und geachtete Literaturnobelpreisträger Thomas Mann (1875 – 1955) etwa hielt für das deutschsprachige Programm der BBC insgesamt 55 Radioansprachen aus dem Ausland, in denen er über die menschenfeindliche, rassistische und gewaltsame Politik der Nationalsozialisten aufklärte, vor diesen warnte und zum aktiven Widerstand aufrief.

Dieser Aspekt der deutschen Geschichte findet sich im Roman „Heimsuchung“ in der Figur der Schriftstellerin wieder (vgl. S. 112 ff./S. 107 ff.). Diese ist nach dem Ende des Zweiten Weltkrieges aus der Sowjetunion in den neu ge-

Thomas Mann bei einer seiner Radioansprachen für die BBC

gründeten deutschen Staat DDR zurückgekehrt. Gemeinsam mit ihrem Mann hat sie es sich zum Ziel gesetzt, sich mit ihren literarischen Mitteln an dem Neuaufbau einer gerechten gesellschaftlichen Ordnung zu beteiligen: Doch die „Hoffnung auf Erlösung der Menschen von Habgier und Neid“ (S. 121/S. 117) findet ein jähes Ende, als die Idealistin bemerkt, dass auch im neuen sozialistischen Staat nicht alle Menschen gleich sind, sondern dem System nahestehende Personen schnell bevorteilt werden.

Enttäuschte Hoffnungen

Die deutsche Geschichte des 20. Jahrhunderts ist nicht denkbar ohne den Holocaust: Die NS-Ideologie schürte nach 1933 den Hass auf Juden und Jüdinnen; diese wurden für alle Probleme des Landes ungerechtfertigterweise verantwortlich gemacht und zu Sündenböcken abgestempelt. Ein großer Teil der deutschen Bevölkerung unterstützte diese falschen Klischees und Vorurteile, welche sich Hitler zunutze machte. Die Nürnberger Gesetze (1935) verschärften die Lage der jüdischen Bevölkerung. Organisierte

Holocaust: Vernichtung der europäischen Juden und Jüdinnen

Pogrome wie die sogenannte Reichskristallnacht 1938 kündigten bereits die Verfolgung und Vernichtung der jüdischen Bevölkerung an. Vom gesamten Kontinent wurden europäische Juden und Jüdinnen v.a. in osteuropäische Konzentrationslager (KZ) verbracht. Dieser traurige Aspekt der deutschen Geschichte spiegelt sich in „Heimsuchung" im Schicksal der Eltern des jungen Tuchfabrikanten, Hermine und Arthur. Diese besuchen ihren Sohn und dessen Frau im südafrikanischen Kapstadt und bewundern dort die Schönheit und Exotik des Landes. Als Juden haben sie in ihrer deutschen Heimat in den vergangenen Jahren zahlreiche Erniedrigungen und Diskriminierungen erfahren. Sie müssten eigentlich um die Gefahren für ihr Leben wissen. Doch sie entscheiden sich fatalerweise dafür, den Besuch in Südafrika zu beenden und „wieder zurück nach Guben" (S. 59/S. 56) zu fahren. Diese Entscheidung bezahlen sie mit ihrem Leben. Denn als sie sich „1939 doch noch um eine Ausreise bemühen" (S. 60/S. 57), ist es zu spät. Die Flucht misslingt, und sie werden brutal ermordet: „Zwei Monate nachdem Arthur und Hermine in Kulmhof bei Litzmannstadt den Gaswagen bestiegen haben, nachdem Arthurs Augen aus ihren Höhlen getreten sind, während er erstickte, und Hermine im Todeskampf einer Frau, die sie nie vorher gesehen hat, auf die Füße geschissen hat, wird ihrer beider und ihres ausgewanderten Sohnes Ludwig in Deutschland zurückgebliebenes Vermögen eingezogen, werden sämtliche Sperrkonten aufgelöst und der Hausrat versteigert." (S. 60 f./S. 58)

NS-Terror

Mit ihren Informationen über das Mädchen Doris (vgl. S. 79 ff./S. 74 ff.) erzählt Jenny Erpenbeck die Geschichte eines weiteren Opfers des nationalsozialistischen Terrors. Im Roman ist sie die Nichte des jungen Tuchfabrikanten. Doch anders als ihrem Onkel gelingt dem jüdischen Mädchen die rettende Flucht nicht. Nachdem ihre gesamte Familie ermordet oder verschollen ist, befindet sie sich in ei-

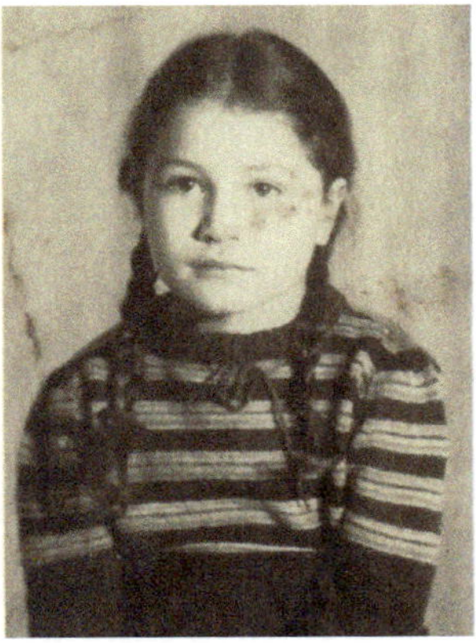

Doris Kaplan (1931 – 1942)

nem dunklen Versteck im Warschauer Getto und fürchtet sich vor der Entdeckung durch die Gestapo. Völlig auf sich allein gestellt, helfen ihr die Gedanken und Erinnerungen an ihre schöne Zeit im Hause ihres Onkels, an das Schwimmen und Laufen in der Natur, um nicht aufzugeben. Doch am Ende wird Doris entdeckt, gefangen genommen und ermordet. Die Heimsuchung bleibt auch dem vollkommen unschuldigen Kind nicht erspart. Jenny Erpenbeck hat ihre literarische Figur einem realen Vorbild nachempfunden: „Für Doris Kaplan." (S. 5/S. 5) Doris Kaplan war ein mutiges Mädchen, dessen Schicksal lange Zeit kaum bekannt war, das aber dem der berühmten Anne Frank (1929 – 1945) nicht nachsteht. Für Jenny Erpenbeck war es wichtig, ihren Leserinnen und Lesern diese Figur bekanntzumachen und dafür zu sorgen, dass Doris Kaplans Schicksal nicht verlorengeht. Deshalb ist sie eine der wenigen Figuren des Romans, die einen Eigenamen trägt. Den meisten anderen Figuren ist diese Auszeichnung nicht vergönnt. Sie heißen wie ihre Kapitel, etwa „Der Architekt" oder „Die Besucherin".

Reales Vorbild: Doris Kaplan

Damit sind sie eher überindividuelle und exemplarische Beispiele, während die Figur Doris ein realer Mensch sein soll, dessen Schicksal die Lesenden deshalb umso mehr berührt.

Warschauer Getto

Auch der Aufstand im Warschauer Getto 1943 konnte den Holocaust, den organisierten Genozid an den europäischen Juden und Jüdinnen, nicht verhindern: Etwa sechs Millionen Menschen wurden systematisch ermordet. Erst

Ein Rotarmist hisst am 30. April 1945 die sowjetische Flagge auf dem Berliner Reichstag als Zeichen der Niederlage Deutschlands

Befreiung durch Rote Armee

Schlacht um Berlin

Soldaten der Roten Armee befreiten das KZ Auschwitz am 27. Januar 1945 und drängten die deutsche Wehrmacht militärisch zurück. Ein Heer der Roten Armee gewann schließlich die „Schlacht um Berlin" und besiegelte damit die endgültige Niederlage Nazi-Deutschlands.

Auch dieser Aspekt der deutschen Geschichte findet seine Entsprechung im Roman „Heimsuchung". Im Kapitel „Die Frau des Architekten" (vgl. S. 64 ff./S. 60 ff.) geht es um die Lebenslügen einer älteren Frau, die auf ihre Ehe mit dem Architekten zurückblickt und sich an ein Schlüsselereignis in ihrem Leben erinnert. Ausgelöst wird dieses durch ihre Begegnung mit einem Soldaten der Roten Armee, die im Frühjahr 1945 auf Berlin zumarschiert. Diese Begegnung wird jedoch erst im späteren Kapitel „Der Rotarmist" (vgl. S. 94 ff./S. 89 ff.) geschildert. Zuerst versucht der junge Soldat, die in einem Wandschrank versteckte deutsche Frau zu vergewaltigen, auch um seine von der deutschen Wehrmacht ermordete Familie zu rächen. Doch dieser Gewaltakt wandelt sich zu einem seltsam anmutenden Sexualakt, in dem die Frau plötzlich die Initiative übernimmt. Als der Soldat den Körper der älteren Frau wahrnimmt, bezeichnet er sie als „Mama" (S. 100/S. 95). Dieses Wort schockiert die

Frau des Architekten, denn nun wird sie sich bewusst, dass es der Fehler ihres Lebens war, ihrem Ehemann zuliebe auf eigene Kinder zu verzichten.

Ein weiteres Opfer des Krieges ist im Roman „Heimsuchung" auch die Besucherin (vgl. S. 127 ff./S. 122 ff.). Sie ist eine alte Frau, deren Enkeltochter mit dem Sohn der Schriftstellerin verheiratet ist. In deren Haus am See findet sie eine neue Heimat, nachdem sie während des polnisch-ukrainischen Krieges mit ihren drei Enkelkindern nach Deutschland geflüchtet ist. Anders als der alte Tuchfabrikant und dessen Frau akzeptiert sie ein Leben in der Fremde, da sie weiß, dass dafür die Sicherheit ihrer Familie gewahrt bleibt.

Gründung zweier deutscher Staaten nach dem Ende des Zweiten Weltkrieges

Nach dem Ende des Zweiten Weltkrieges (1939–1945) kam es im Zuge des Ost-West-Konflikts zur Gründung zweier deutscher Staaten: der Bundesrepublik Deutschland (BRD) und der Deutschen Demokratischen Republik (DDR). In die kommunistische DDR kehrten viele linke Intellektuelle aus dem Exil zurück, um sich beim Aufbau einer sozialistischen Gesellschaft zu engagieren.

DDR

Doch schon bald mussten diese Idealisten und Idealistinnen erkennen, dass ihre Hoffnungen enttäuscht wurden und bloße Utopien blieben. Die DDR wandelte sich schnell in eine Diktatur, die ihre Bürgerinnen und Bürger in Unfreiheit hielt. Oppositionelle wurden durch die Stasi beobachtet und verfolgt, während Mitglieder der Einheitspartei SED (Sozialistische Einheitspartei Deutschlands) ungerechtfertigte Vorteile genossen.

Dieser Aspekt der deutschen Geschichte spiegelt sich – wie bereits beschrieben – also auch in der Geschichte der Schriftstellerin, die aus dem sowjetischen Exil zurückkehrt und sich am Neuaufbau Deutschlands beteiligen möchte. Doch anders als erhofft wird sie in der DDR nicht wirklich heimisch, trotz des ihr vom Staat anvertrauten idyllischen Hauses am See.

BRD

Die westlich orientierte, kapitalistische BRD ermöglichte hingegen ein liberales Leben in Freiheit und Demokratie, sodass viele Menschen aus der DDR flüchteten oder ausreisten. Diese Flucht gelingt im Roman im letzten Moment dem Architekten, der sich eigentlich mit der neuen DDR-Führung arrangiert hat, doch 1951 seine Verhaftung fürchten muss (vgl. S. 37 f. /S. 35). Vielen anderen freiheitsliebenden Menschen ist diese Flucht in der Realität jedoch nicht gelungen. Auch an diese tragisch-traurigen Geschehnisse erinnert Jenny Erpenbeck in ihrem Roman: Im Kapitel „Die Unterpächter" (vgl. S. 142 ff./S. 137 ff.) geht es um einen Mann, der zu DDR-Zeiten als junger Erwachsener versucht hat, gemeinsam mit einem Freund durch die Elbe zu schwimmen und so in die Freiheit des Westens zu flüchten. Doch die Flucht misslingt, und der in der Gegenwart mit seiner Ehefrau als Unterpächter im Haus am See lebende Mann muss einige Jahre im Gefängnis verbringen. Nach seiner Freilassung verläuft sein Leben ganz anders als geplant. Statt als studierter Ingenieur betätigt er sich „als einfacher Arbeiter in der Fabrik" (S. 154/S. 149). Doch anders als die Lesenden vermuten, ist der nun erwachsene und auf sein Leben zurückblickende Mann glücklich. Ihm ist es wichtiger, beim Schwimmen und Segeln seine Freiheit genießen zu können, als große Besitztümer sein Eigen nennen zu dürfen (vgl. S. 143 ff./S. 139 f.).

Flucht

Einige der Menschen, die wie der Architekt vor dem diktatorischen Überwachungsstaat DDR in die Bundesrepublik flüchteten, möchten nach dem Mauerfall 1989 und der deutschen Einheit 1990 ihre alten Besitztümer zurückerhalten, die sie nach ihrer Flucht im Zuge ihrer staatlichen Enteignung aufgeben mussten und in denen jetzt DDR-Bürger und -Bürgerinnen wohnen. Viele Menschen, die seit Jahrzehnten in ihren ihnen zugewiesenen Immobilien lebten, haben ihre in harten juristischen Auseinandersetzungen beschlossene Enteignung als Erniedrigung und Ungerechtigkeit empfunden. Sie hatten das subjektive Gefühl, die kapitalistische Bundesrepublik würde sich an ihnen für

Mauerfall 1989

Enteignungen nach Wiedervereinigung

Am 9. November 1989 fällt die Berliner Mauer und besiegelt das Ende der DDR

die deutsche Teilung rächen. Dieser Aspekt der juristischen, aber auch menschlichen Folgen der Wiedervereinigung der beiden deutschen Staaten spiegelt sich im letzten Kapitel des Romans: „Die unberechtigte Eigenbesitzerin“ (vgl. S. 172 ff./S. 166 ff.) nimmt hier im Nachwende-Deutschland Abschied von ihrer Kindheit. Ein letztes Mal geht sie durch das Haus, in dem sie viele schöne Jahre verbracht hat und mit dem sie wichtige Erinnerungen verbindet. Doch die Erben des Architekten haben den Prozess um Haus und Grundstück gewonnen, sodass ihre Familie ausziehen muss. Auch die Familie Jenny Erpenbecks musste ihr Sommerhaus am Scharmützelsee nahe Berlin in der Nachwendezeit zurückgeben. Man kann also sagen, dass die Dichterin einen Teil ihrer eigenen Biografie in ihrem „Jahrhundertroman“[1] literarisch verarbeitet. Damit findet die Geschichte des Hauses am Märkischen Meer, von drei Familien und fünf Generationen ihr Ende.

1 www.dw.com/de/jenny-erpenbeck-heimsuchung/a-44458433 (Aufruf: 11.12.2023)

Thematische Aspekte

Die Gattungsfrage: Moderner Heimat- oder Anti-Heimatroman?

Jenny Erpenbecks Roman „Heimsuchung“ ist 2008 erschienen. Doch nicht nur im Hinblick auf sein Erscheinungsdatum kann man den Roman als einen typisch modernen Text klassifizieren. Diese Einordnung gilt sowohl im Hinblick auf seine Erzählweise als auch auf sein Thema.

„transzendentale Obdachlosigkeit“

Erpenbecks Erzählweisen fußen auf dem aus der Literaturtheorie stammenden Begriff der „transzendentalen Obdachlosigkeit“[1] (Georg Lukács, 1885 – 1971).

Entfremdung des Menschen von der Welt

Damit ist gemeint, dass dem Individuum die Welt, in der es lebt, fremd geworden ist. Hiermit einher geht die Entfremdung von sich selbst, die viele literarische Figuren der Moderne kennzeichnet. Jegliche traditionelle Ordnung und Sinngebung des Daseins ist fragwürdig und zweifelhaft geworden, Traditionen und Riten haben ihre Überzeugungskraft eingebüßt.

Beispiele für Enttäuschungen und Entfremdungen im Roman

Das merken in „Heimsuchung“ einige Figuren: Der anpassungsfähige Architekt, für den es kein Problem darstellt, für

Vom Philosophen Georg Lukács stammt der Begriff der „transzendentalen Obdachlosigkeit“

[1] George Lukács, Die Theorie des Romans. Ein geschichtsphilosophischer Versuch über die Formen der großen Epik (= Werkauswahl in Einzelbänden. Band 2). Aisthesis Verlag, Bielefeld 2009

unterschiedliche politische Systeme zu arbeiten, scheitert an der Ideologie der DDR und findet es auf einmal „bitter, dass er jetzt alles eingraben“ muss (S. 34/S. 31). Auch die Schriftstellerin muss erkennen, dass sich das neue sozialistische System, an das sie geglaubt hat, „mit sich selbst entzweit“ (S. 122/S. 117) und seine Glaubwürdigkeit verliert. Die unberechtigte Eigenbesitzerin muss ihre Träume von einer dauerhaften Heimat im Haus am See begraben, als das alte System zusammenbricht und durch ein neues ersetzt wird.

Problematik des Erzählens

Diese fundamentale Entfremdung des Menschen von sich selbst beziehungsweise seiner Umwelt sorgt auch für Probleme des Erzählens. Denn eine Geschichte zu erzählen heißt zunächst nichts anderes, als etwas, was geschehen ist, „so zu erzählen, dass es im Nachhinein verständlich wird, Sinn für sich und andere macht. Erzählen ist vereinfacht gesagt der Versuch, das Wirkliche, das einen tendenziell immer überrumpelt, im Nachhinein zu bewältigen, indem man es in einen Sinn- und Verständnishorizont einbettet. Wo der zerbrochen ist, etablieren sich moderne Erzähltechniken“[1]. In Erpenbecks Roman „Heimsuchung“ zerbrechen die Kontinuität und familiäre Verbundenheit garantierenden Heimatvorstellungen nicht erst mit dem im Mittelpunkt stehenden Schicksal der im Holocaust ermordeten Doris. Bereits im ersten Kapitel vom Großbauern und seinen vier Töchtern verorten die noch archaisch anmutenden Traditionen die Handlung im dörflichen Milieu am Anfang des 20. Jahrhunderts. Nach diesen gilt es, in der dörflichen Gemeinschaft zu leben und sich anzupassen. Doch spätestens als die jüngste Tochter Klara auch aus Protest gegen das ihr zugestandene, beschränkte Leben „ins graue Wasser“ (S. 25/S. 23) geht, kann die vormoderne Ordnung der ländli-

Ende der vormodernen Ordnung

[1] Der Roman im 20. Jahrhundert, ARD alpha, Bayerischer Rundfunk, Telekolleg online, 03.01.2013, München, www.ardalpha.de/lernen/telekolleg/faecher/deutsch/literatur/03-literatur-fakten-100.html (Aufruf: 11.12.2023)

Gefahr der Heimatlosigkeit eint alle Figuren

chen Idylle nicht mehr aufrechterhalten werden. Der Großbauer muss, weil er keinen männlichen Nachfolger hat, seinen Besitz veräußern, und die von nun an durch und durch moderne Geschichte vom Haus am märkischen See wird mit seinem Bau durch den Architekten in Gang gesetzt. Ab diesem Zeitpunkt kann sich keine der Erpenbeck'schen Figuren mehr sicher sein, in ihrer Heimat einen sicheren Hafen zu finden, zu gewaltsam holen die zahlreichen Heimsuchungen die Menschen gegen ihren Willen ein. An diesen schicksalhaften Bedrohungen – an Nazi-Terror, Krieg, Flucht, Vertreibung und Unrechtserfahrungen im totalitären DDR-Regime – zerbrechen sie. Eine Lösung findet sich für sie und ihre Sehnsucht nach Heimat selten, und wenn doch, dann ist sie nicht von Dauer. Den Figuren ist es nicht mehr möglich, Heimat als Ort dauerhaft festzuschreiben. „Geschildert wird vielmehr ein Prozess, eine Suchbewegung mit ungewissem Ausgang. Es ist immerhin möglich, dass es das, was gesucht wird, gar nicht gibt, nie gegeben hat oder doch zumindest so nie gegeben hat: Für jede der Figuren im Roman bedeutet Heimat etwas anderes."[1]

Vielfalt des Heimatbegriffs

Wechsel der Erzählperspektiven

Kein Wunder, dass Erpenbecks moderner Roman aus wechselnden Erzählperspektiven in fragmentarischer und episodenhafter Form erzählt wird. Zu einem harmonischen Gesamtkonzept von Heimat lassen sich die subjektiven Einzelausschnitte des Geschehens nicht integrieren.

Warum „Heimsuchung" ein moderner Roman ist

- Isolation, Einsamkeit und Orientierungslosigkeit der Figuren
- regelmäßiger Wechsel der Erzählperspektiven und -stile
- innere Monologe und erinnernde Rückblicke
- ausschnitt- und episodenhaftes statt lineares Erzählen

[1] Bettina Bannasch: Der Garten Eden in zwölf quadratischen Kapiteln, Universitätsbibliothek Augsburg, 2008; https://opus.bibliothek.uni-augsburg.de/opus4/frontdoor/deliver/index/docId/39413/file/39413.pdf, S. 35 f. (Aufruf: 19.01.2024)

Auf der anderen Seite hat das titelgebende Kernthema des Romans – die Suche des Menschen nach Heimat und Identität – seinen Ursprung in der Heimatliteratur des 19. Jahrhunderts. Deren Entwicklung verlief von der realistischen Dorfgeschichte und dem Bauernroman des 19. Jahrhunderts (Jeremias Gotthelf, 1794 – 1857) über naive und einseitige Idyllisierungen der bäuerlichen Lebenswelt. Das einfache Landleben wurde als gut und menschenfreundlich, das moderne Leben in der Stadt als schlecht und menschenfeindlich beschrieben, was eine grobe Vereinfachung darstellt. Dies mündete in zivilisationskritische und zum Teil bereits präfaschistische Romane (Hermann Löns, 1866 – 1914), die die Blut- und Boden-Literatur[1] der Epoche des Nationalsozialismus (1933 – 1945) vorbereiteten. Nach Ende des Zweiten Weltkrieges wurde der Verlust der Heimat anfangs weitaus realistischer beschrieben. Doch schon bald wurde wieder ein harmonisierend-sentimentaler Tonfall gepflegt, der durch populäre Heimatfilme in der Nachkriegszeit unterstützt wurde, z. B. in zahlreichen Verfilmungen von Johanna Spyris (1827 – 1901) „Heidi"-Romanen (ab 1880).

Heimatliteratur des 19. Jahrhunderts

Idylle im klassischen Heimatroman

Blut-und-Boden-Literatur

Typische Heimatliteratur findet dabei in einem bestimmten landschaftlichen Raum statt, z. B. in den Alpen. Der Wert der Heimat wird über alles gestellt. Stereotype und oftmals auch banale Handlungen prägen das Geschehen in meist traditionellen Rollenbildern. Allen Figuren gemeinsam ist der naive Wunsch nach einem Rückzug ins einfache Leben. Die Heimat als Ort bekannter, festgefügter gemeinschaftlicher Werte soll die Angst vor den Herausforderungen des modernen und komplexen Lebens bändigen. Sie wird somit zu einer Art Fluchtraum für den verängstigten Menschen.

Stereotype und Klischees

Heimat als Fluchtraum

---

[1] Blut-und-Boden-Literatur: eine von der Blut-und-Boden-Ideologie geprägte Fortentwicklung der völkisch-rassistischen Heimatliteratur, die im nationalsozialistischen Deutschland besonders gefördert wurde

Versucht man, diese Gattungsmerkmale auf den Roman „Heimsuchung“ zu beziehen, fällt schnell auf, dass dies nicht vollständig möglich ist. Zwar baut der Architekt das Haus am See als ein Refugium oder einen Rückzugsort, doch beruflich ist er voll und ganz in der Großstadt Berlin eingebunden und auch erfolgreich.

Die Sehnsucht nach Heimat, Sicherheit und stabiler Identität findet sich hingegen bei allen Figuren. Doch im Hinblick auf ihre Probleme unterscheiden sie sich gravierend vom Typus der Figuren der klassischen Heimatliteratur. Ihre Probleme sind nicht banal und schnell lösbar, sondern inhaltsvoll und relevant. Am ehesten noch entspricht die Figur des Gärtners den Merkmalen der Heimatliteratur. Denn er steht außerhalb der Gesellschaft, lebt naturnah und im Rhythmus der Jahreszeiten. Doch als Vorbild für die Lebensführung eignet er sich nicht, denn der Rückzug ins Private und die Verweigerung der Kommunikation mit der Umwelt stellen keine sinnvolle Alternative zur Umweltintegration des modernen Menschen dar. Dessen Wertvorstellungen unterscheiden sich im Roman von Figur zu Figur, was einen Unterschied zu typischen Vorstellungen in der Heimatliteratur darstellt. So möchte der Architekt im Gegensatz zu seiner Frau keine weiteren Kinder mehr, da er bereits in seiner ersten, gescheiterten Ehe Vater geworden ist.

Sonderrolle des Gärtners

Für derartige Themen findet sich im klassischen Heimatroman kein Platz. Gleiches gilt für die Tatsache, dass das Haus am See als Symbol für die Suche des Menschen nach Heimat in „Heimsuchung“ vielfach gebrochen wird. Es ist keinesfalls allein ein Ort der Harmonie und des Glücks, der die Menschen stabilisiert und ihnen Identität verleiht. Das Haus am Scharmützelsee ist auch ein Ort der Gewalt, beispielsweise wenn die Frau des Architekten beinahe durch den Rotarmisten vergewaltigt wird. Das Haus bietet bei Erpenbeck eben keinen dauerhaften Schutz, weil die Heimsuchungen der Außenwelt immer wieder in die Naturidylle

Haus als „gebrochenes“ Symbol

Haus als Ort der Gewalt

einbrechen und den Menschen in seiner Existenz bedrohen. Auch der Verfall und der Abriss des Hauses passen nicht zu der heilen Welt banal-vereinfachender Heimatliteratur.

Traditionelle Heimatliteratur	**Heimat im Roman „Heimsuchung“**
Heimat als Ort festgefügter gemeinschaftlicher Werte	unterschiedliche Wertvorstellungen der Figuren
Angst vor Bedrohungen des heimatlichen Raums	Das Haus am See ist auch ein Ort der Gewalt (Rotarmist).
Heimat als Fluchtraum für den Menschen und sein Glück	Das Haus am See bietet keinen dauerhaften Schutz mehr.
⬇ **Anders als im traditionellen Heimatroman scheitert im Roman „Heimsuchung“ die Suche nach dauerhaftem Glück.**	

Anti-Heimatliteratur

„In den 1960er- und 1970er-Jahren entstand eine sog. Anti-Heimatliteratur, die ironisch-sozialkritisch auf die Themen der konventionellen Heimatliteratur zurückgriff (Thomas Bernhard, Franz Xaver Kroetz); diese Form erlebte zu Beginn des 21. Jahrhunderts eine Renaissance (Andreas Maier, Andrea Maria Schenkel).“[1]
Zur Anti-Heimatliteratur lässt sich „Heimsuchung“ jedoch ebenfalls nicht vollständig zählen, denn zweifellos kommt dem Wunsch des Menschen nach dauerhafter Heimat im Roman eine große Bedeutung zu. Aus unterschiedlichen Gründen, z. B. aufgrund der Macht der Geschichte, ist es dem modernen Menschen nicht vergönnt, diese Heimat für sich zu sichern. Einer eindeutigen Kategorisierung entzieht sich „Heimsuchung“ also. Am ehesten noch lässt sich Er-

[1] Lexikon: Heimatliteratur, wissen.de, © 2014 – 2023 Konradin Medien GmbH, Leinfelden-Echterdingen, www.wissen.de/lexikon/heimatliteratur (Aufruf: 11.12.2023)

„Heimsuchung“ als moderner Heimatroman

penbecks Text als moderner Heimatroman kennzeichnen, der die Sehnsucht der Menschen nach Heimat reflektiert und erörtert, aber auch nicht verheimlicht, dass diese Hoffnung trügerisch ist und aus verschiedenen Gründen aufgegeben werden muss. Das Individuum muss erkennen, dass seine eigenen Einflussmöglichkeiten gering sind und es unauflöslich mit der Geschichte verbunden ist. Ankommen, Nach-Hause-Kommen und Sesshaftwerden sind in „Heimsuchung“ dauerhaft bedroht von Krieg, Flucht und Vertreibung.

Sprache und Erzählen

So erzählt Jenny Erpenbeck

Literatur der Moderne

Jenny Erpenbecks Roman „Heimsuchung“ lässt sich nicht nur aufgrund seines Erscheinungsjahres (2008) als moderner Text charakterisieren. Die Literatur der Moderne zeichnet sich vor allem durch eine neue Art des Erzählens aus. Die Gründe dafür liegen in wissenschaftlichen, gesellschaftlichen und philosophischen Veränderungen des 19. und vor allem des 20. Jahrhunderts, die zu einer völlig neuen Art des Schreibens und Erzählens führten. Moderne Dichterinnen und Dichter greifen die neuen Perspektiven einer individuellen Wahrnehmung der Wirklichkeit auf und wenden sich damit von vormodernen Erzählformen ab, die noch den Anspruch erhoben, die komplexe (Lebens-)Geschichte einer einzelnen Figur objektiv und vollständig erzählen zu können. Literarische Figuren der Moderne zeichnen sich dagegen meist durch eine nur noch eingeschränkte Weltsicht aus, die ihnen oftmals sogar zum Verhängnis wird. Das soll verdeutlichen, dass der moderne Mensch in einer Welt lebt, die ihm selbst fremd geworden ist. Traditionelle Ordnungen und die viele Jahrhunderte stabile (religiöse) Sinngebung des Daseins werden fragwürdig. Moder-

Eingeschränkte Weltsicht

Auflösung traditioneller Ordnungen

ne Dichterinnen und Dichter versuchen, dieses neue Selbstverständnis des Menschen erzählerisch auszudrücken. Wichtige Kennzeichen dieses spezifisch modernen Erzählens[1] sind u. a.:

- der Wechsel der Erzählperspektiven,
- der Wechsel von Erzählstil und Erzählhaltung sowie
- der innere Monolog und die erlebte Rede.

Was aber ist darunter genau zu verstehen? Und inwiefern zeigen sich diese Merkmale modernen Erzählens in Jenny Erpenbecks Roman „Heimsuchung“?

Wechsel der Erzählperspektive

Mit dem Wechsel der Erzählperspektive ist gemeint, dass das Handlungsgeschehen eines Romans häufig nur noch aus der fragmentarischen Perspektive einer Figur erzählt wird. Damit ist klar, dass auf eine objektive Abbildung der vielfältigen Wirklichkeit ebenso verzichtet wird wie auf dessen vollständige Erklärung. Goethes Briefroman „Die Leiden des jungen Werthers“, erschienen in der Epoche des Sturm und Drang 1774, erzählt die Geschichte eines verzweifelten und unglücklich verliebten jungen Mannes bereits nahezu ausschließlich aus dessen Perspektive. Trotzdem wird für die Lesenden noch eine insgesamt zusammenhängende Geschichte erzählt. Die Lesenden entwickeln ein vollständiges Bild von Goethes Protagonisten und können sich dessen Handeln und dessen Fehler am Ende erklären. Ein solches Deutungshandeln ist in der Literatur der Moderne oftmals nicht mehr möglich, weil häufig viele unterschiedliche Geschichten gleichzeitig erzählt werden. Die rein subjektiven Einzelausschnitte der Handlung lassen sich nicht mehr wie ein Puzzle zu einem konsistenten, d.h. in sich schlüssigen Gesamtbild zusammenfü-

[1] Vgl. Der Roman im 20. Jahrhundert, ARD alpha, Bayerischer Rundfunk, Telekolleg online, 03.01.2013, München, www.ardalpha.de/lernen/telekolleg/faecher/deutsch/literatur/03-literatur-fakten-100.html (Aufruf: 11.12.2023).

gen: „Vielmehr spiegeln sie, dass es eine allen gemeinsame (d.h. allgemeine) Welt/Wirklichkeit und ein verbindliches Werte- und Normensystem als Verständigungsbasis nicht mehr gibt.“[1]

Zwölf Figuren statt eines Protagonisten/ einer Protagonistin

Dieses Merkmal lässt sich gut in Erpenbecks Roman nachweisen. Die Dichterin erzählt nicht die vollständige Geschichte einer einzigen literarischen Figur, die beispielsweise die Krisen und Heimsuchungen des gesamten 20. Jahrhunderts durchläuft. Derartige Biografien ließen sich zu Tausenden finden. Stattdessen widmet sie sich – den Gärtner eingeschlossen – insgesamt zwölf Menschen und schildert deren Leben in kurzen Kapiteln in Form knapper Ausschnitte.

Identifikation und Empathie

Auf diese Weise verhindert die Dichterin durch ihre spezifische Art des Erzählens auch eine mögliche Identifikation oder Empathie mit ihren Figuren. Kaum hat sie begonnen, von einer Figur zu erzählen, ist es auch schon wieder vorbei. Auf die Geschichte des Großbauern und seiner vier Töchter folgt beispielsweise die des Architekten. Was beide Geschichten miteinander zu tun haben, ist auf den ersten Blick kaum zu erschließen. Erst im Rückblick nach der Lektüre aller Geschichten ist es durch intensive Reflexionsleistung möglich, einen „roten Faden“ zu finden, der alle Biografien miteinander verbindet.

Doppeldeutigkeit des Titels

Den Hinweis darauf gibt der doppeldeutige Romantitel: Alle Figuren sind in irgendeiner Art auf der Suche nach einem Heim, nach einem Ort, an dem sie dauerhaft heimisch und glücklich werden können. Zugleich werden sie alle von Schicksalsschlägen heimgesucht, deren Macht sie als einfacher Mensch kaum etwas entgegensetzen können. Auch dies ist ein typisch modernes Thema.

---

[1] Der Roman im 20. Jahrhundert, ARD alpha, Bayerischer Rundfunk, Telekolleg online, 03.01.2013, München, www.ardalpha.de/lernen/telekolleg/faecher/deutsch/literatur/03-literatur-fakten-100-html (Aufruf: 11.12.2023)

Wechsel von Erzählstil und -haltung

Ein weiteres Merkmal modernen Erzählens ist der Wechsel von Erzählstil und Erzählhaltung. Moderne Erzählerinnen und Erzähler ändern immer wieder ihre Erzählhaltung, und es findet ein ständiger Wechsel der Erzählsituation statt. In „Heimsuchung" berichtet im ersten Kapitel vom Großbauern und seinen vier Töchtern (vgl. S. 14 ff./S. 12 ff.) eine scheinbar objektive Erzählinstanz von den Traditionen, Regeln und Ritualen, die das Leben der Hauptfigur und seiner Töchter derart einschränken, dass sie ihre Wünsche und Lebensträume nicht umsetzen können und an der Realität zum Teil in grausamer Weise scheitern. Kein Wort des Bedauerns kommt der neutral berichtenden Erzählinstanz dabei über die Lippen. Über die Gefühle der Menschen im Angesicht der Heimsuchung erfahren die Lesenden in diesem Kapitel gar nichts. Nicht einmal der tragische Selbstmord Klaras, deren Widerstand gegen die Verhältnisse darin besteht, dass sie verrückt wird und ins Wasser geht, wird in irgendeiner Weise betrauert: „Wenig später wird auch ihr Leichnam gefunden […]." (S. 25/S. 23) Verfall, Tod, Pessimismus und eine eher apokalyptische Endzeitstimmung werden dokumentarisch dargestellt, ohne sie zu kommentieren.

Neutrale Erzählinstanz

Ganz anders im Folgekapitel: Schon in seinem ersten Satz bedauert der Architekt seinen Entschluss, das geliebte Haus zu verlassen und in den Westen zu flüchten: „Es ist schon bitter, dass er jetzt alles eingraben muss." (S. 34/S. 31) Hier wie auch in vielen weiteren Kapiteln des Romans wird aus einer rein subjektiven Perspektive des personalen Erzählens einer einzigen Figur erzählt. Ob die Deutungen der jeweiligen Figur der Wahrheit entsprechen oder nicht, darüber müssen sich die Lesenden selbst Gedanken machen, denn auf eine allwissende, das Geschehen kommentierende und bewertende Erzählinstanz müssen sie verzichten. Das macht den Roman auf der einen Seite anstrengend und fordernd. Auf der anderen Seite traut Erpenbeck durch ihr modernes Erzählen ihrer Leserschaft ein eigenes und

Personales Erzählen

Verantwortung der Lesenden

selbstständiges Urteil zu und nimmt sie in die Verantwortung. Die Lesenden gewinnen somit auch mehr Freiheit im Akt ihrer Lektüre.

Innerer Monolog und erlebte Rede

Das dritte Merkmal spezifisch modernen Erzählens ist der Siegeszug des inneren Monologs und der erlebten Rede. Die bereits Ende des 19. Jahrhunderts entwickelte Erzähltechnik des inneren Monologs verzichtet auf den souveränen, das erzählte Geschehen steuernden und deutenden Erzähler.[1] Stattdessen gibt sie (scheinbar) unvermittelt in der ersten Person Präsens all das wieder, was die Figuren denken, fühlen, träumen, erinnern und assoziieren. So gestattet der innere Monolog tiefe Einblicke in die geistigen und seelischen Tiefen der Figuren des Romanpersonals. Als innerer Monolog wird auch die extreme Darstellung innerer Vorgänge bezeichnet, der sogenannte Bewusstseinsstrom oder auch *„stream of consciousness“*. Das ist die auch sprachlich ungeordnete Abfolge von tendenziell unterbewussten wie bewussten inneren Vorgängen, die unvermittelte wie irritierende Einblicke in die Abgründe der Seele geben. Der große Monolog der Molly Bloom am Ende des „Ulysses“ (1922) von James Joyce (1882 – 1941) gilt in der Literaturgeschichte als wohl prominentestes Beispiel.

Innerer Monolog im Roman

Auf den ersten Blick findet sich der innere Monolog als erzähltechnisches Merkmal der Moderne in Jenny Erpenbecks Roman „Heimsuchung“ von wenigen Ausnahmen abgesehen (vgl. S. 21, 24/S. 19, 21) nicht. Denn mit Blick auf die Erzählform stellen die einzelnen Kapitel des Romans keine Ich-Erzählung, sondern eine Er-/Sie-Erzählung dar. In einer Ich-Erzählung würde der Architekt sagen: „Heimat planen, das ist mein Beruf.“ Stattdessen heißt es bei Erpenbeck: „Heimat planen, das ist <u>sein</u> Beruf.“ (S. 38/S. 35, Her-

---

[1] Vgl. Der Roman im 20. Jahrhundert, ARD alpha, Bayerischer Rundfunk, Telekolleg online, 03.01.2013, München, www.ardalpha.de/lernen/telekolleg/faecher/deutsch/literatur/03-literatur-fakten-100-html (Aufruf: 11.12.2023)

vorhebung T. S.) Die Dichterin übernimmt also nicht völlig die Sichtweise ihrer Figur, sondern entfernt sich ein kleines Stück von ihr und tritt neben die Figur. Dennoch werden ausschließlich die Gedanken dieser Figur aus deren Sicht geschildert, es liegt ein personales Erzählverhalten sowie eine Mischform aus Bericht und Monolog vor.

Erlebte Rede im Roman

In den meisten Fällen nutzt Jenny Erpenbeck jedoch die sogenannte erlebte Rede als ein episches Stilmittel, das zwischen direkter und indirekter Rede, zwischen Selbstgespräch und Bericht steht. Die Gedanken und Bewusstseinsinhalte der literarischen Figur werden dabei im Indikativ der dritten Person und zumeist im epischen Präteritum dargeboten. Man kann sagen, dass bei der erlebten Rede die Figurenrede und die Erzählerrede miteinander verschmelzen. Die erlebte Rede, die sich in zahlreichen Kapiteln des Romans „Heimsuchung" findet, ist also einerseits nicht zu verwechseln mit dem inneren Monolog, der in der ersten Person Singular und im Präsens steht, kann aber auch als eine spezifisch moderne Form der Gedankenwiedergabe einer Figur verstanden werden. Wenn es bei Erpenbeck heißt „Das Haus sollte aussehen, als sei es hier gewachsen, wie etwas Lebendiges." (S. 42/S. 39), dann könnte man noch sagen, dass dieser Satz von einer außerhalb des Geschehens stehenden Erzählinstanz erzählt wird. Doch der nächste Satz legt nahe, dass es sich um erlebte Rede und die subjektive Wiedergabe der Gedanken des auf seine Arbeit stolzen Architekten handelt: „Den Schornstein hatte er selbst mit gemauert." (Ebd./S. 39 f.)

Andeutungen, Mehr- und Doppeldeutigkeiten

Aber völlig sicher können sich die Lesenden dabei nicht immer sein. Das gehört zum Erzählprinzip Erpenbecks: Andeutungen, Assoziationen, Mehr- und Doppeldeutigkeiten verunsichern die Lesenden im Hinblick auf die Frage, wer gerade erzählt. Gemütlich einrichten lässt es sich in einer derart modernen Erzählsituation nicht.

Die Sprache Jenny Erpenbecks

Jenny Erpenbeck ist eine mit vielen Auszeichnungen überhäufte Dichterin. Als prominente Vertreterin der sogenannten Wende-Literatur, die sich mit den Folgen der Wiedervereinigung beider deutscher Staaten für den einzelnen Menschen beschäftigt, wird sie für die Auswahl ihrer gesellschaftspolitisch relevanten Themen und Fragestellungen in ihrem Werk gelobt. Einig ist sich die Literaturkritik auch über die sprachlich-poetische Qualität ihres Schreibens:

Wende-Literatur

Sachlich-nüchternes Erzählen

Der „Meisterin der Prosapräzision"[1], so Andreas Platthaus in einer Lobrede auf Jenny Erpenbeck, gelinge es durch die Art ihres sachlich-nüchternen, oftmals dokumentarisch anmutenden Erzählens, das fast ohne Dialoge auskomme und den klassischen roten Faden vermissen lasse, eine starke innere Spannung aufzubauen. Das rege zum Weiterlesen des manchmal sperrigen Romans „Heimsuchung" an. Martin Halter schätzt Erpenbecks „hochkonzentrierte lyrische Prosa, nacktes Gerippe ohne episches Fett", die durch Wiederholungen, Wortspiele und Leitmotive „geschickt verklammert und rhythmisch strukturiert"[2] sei. Katharina Granzin sieht die sprachliche Meisterschaft Erpenbecks bereits in der Wahl des Romantitels ausgeprägt, der das „existenzielle Spannungsfeld zwischen individuellem Streben und schicksalhaftem Ausgeliefertsein"[3] impliziere. In seiner „semantischen Mehrschichtigkeit"[4] zeige der mit romantischen Anklängen versehene Roman, was die Dichterin als Prosa-Autorin auszeichne: „[E]ine poetische Ge-

Sprache als Klangraum

---

[1] www.faz.net/aktuell/feuilleton/bilder-und-zeiten/lobrede-auf-jenny-erpenbeck-die-heimsucherin-12599765.html (Aufruf: 11.12.2023)

[2] www.faz.net/aktuell/feuilleton/buecher/rezensionen/belletristk/literatur-das-haus-am-scharmuetzelsee-1515514.html (Aufruf: 11.12.2023)

[3] Katharina Granzin, Zwischen Streben und Ausgeliefertsein, taz.de, 07.03.2008, Berlin, https://taz.de/Jenny-Erpenbecks-Roman-Heimsuchung/!5185475/ (Aufruf: 11.12.2023)

[4] Ebd.

nauigkeit und doch Offenheit der Sprache, die bewirkt, dass sich jedem einzelnen Wort hinterherlauschen lässt, als enthalte es eine ganze Welt. Folgen viele solcher Worte aufeinander, entsteht etwas, das am ehesten als eine Art assoziativer Klangraum bezeichnet werden könnte, ein schwer zu fassendes Phänomen, das eng mit der offensten aller Künste, der Musik, verwandt ist. Lese-Musik im Kopf. Das ist ein seltenes Erlebnis, vielleicht sogar ein echtes Wunder. Und so berührt dieser Roman rein sprachlich auf eine so intime Art, dass die Unbedingtheit, ja Unerbittlichkeit, mit der er seinen existenzialistischen Grundton hält, dadurch gewissermaßen ausgeglichen wird."[1]

Der besondere Tonfall des Romans liegt u. a. darin begründet, dass sich die Autorin dafür entscheidet, von den Heimsuchungen ihrer Figuren in einer sachlich-neutralen, geradezu nüchternen Sprache zu berichten, die häufig sogar dokumentarischen Charakter hat. Die sachliche Sprache einer neutralen Erzählinstanz wird dabei im darauffolgenden Absatz oftmals abgelöst durch die hochemotionalen Gedanken einer ihrer Figuren. Durch diesen Kontrast kommt die Wirkung des Textes auf die Lesenden zustande.

Wirkung durch Kontraste

Ein Beispiel für diesen dokumentarischen Stil ist die im Kapitel vom Tuchfabrikanten mehrfach vorkommende elliptische Familientafel:

Sprache als Medium der Dokumentation

„Hermine und Arthur, seine Eltern.
Er selbst, Ludwig, der Erstgeborene.
Seine Schwester Elisabeth, verheiratet mit Ernst.
Die Tochter der beiden, seine Nichte, Doris.
Dann seine Frau Anna.
Und nun die Kinder: Elliott und die kleine Elisabeth,
genannt nach seiner Schwester." (S. 48, 55, 59/S. 45, 52, 56)

Beispiel: Familientafel

[1] Katharina Grazin, Zwischen Streben und Ausgeliefertsein, taz.de, 07.03.2008, Berlin, https://taz.de/Jenny-Erpenbecks-Roman-Heimsuchung/!5185475/ (Aufruf: 11.12.2023)

In dieser Aufzählung, in der Verben und genauer beschreibende Adjektive fehlen, stecken die tragischen Schicksale einer jüdischen Familie, deren Großteil im Holocaust ermordet wird. An ihr lässt sich diese Tragik, die wie der Bericht eines gefühllosen Geschichtsschreibers anmutet, aber nicht ablesen. Und wenn das unvorstellbare Verbrechen einmal doch explizit thematisiert wird, dann geschieht dies überaus nüchtern. Die neutrale Erzählinstanz beschreibt, wie „Arthurs Augen im Gaswagen aus ihren Höhlen" (S. 60/S. 58) treten, während er vergast wird, oder wie Hermine „im Todeskampf einer Frau, die sie nie vorher gesehen hat, auf die Füße geschissen" (ebd./ebd.) hat. Eines wertenden Kommentars enthält sich die Erzählinstanz. Sie lässt den Vorgang für sich sprechen und erzielt gerade dadurch eine stärkere Schockwirkung.

Verzicht auf Kommentare

Fachsprachen

Eine ähnliche Wirkung entfaltet sich durch die Nutzung von Fachsprachen. So ist der Prolog durch die Sprache der Geologie gekennzeichnet: *„Als vor etwa achtzehntausend Jahren erst die Zungen des Gletschers zu schmelzen begannen und dann, während die Erde sich weiter erwärmte, überhaupt alle seine südlicheren Glieder, ließ er nur wenige Pfänder in der Tiefe der Rinnen zurück, Inseln von Eis, verwaistes Eis, Toteis wurde es später genannt."* (S. 10/S. 9) Gleiches gilt für die Sprache des Epilogs. Hier wird der Abriss des Hauses, das über fast ein ganzes Jahrhundert hinweg für so viele Menschen eine Heimat auf Zeit war, emotionslos-sachlich in bautechnischer Fachsprache geschildert: *„Ihr wichtigstes Werkzeug ist der sogenannte Hydraulikbagger, ein zwischen 20 bis 25 Tonnen schweres Gerät mit maximal 9 Metern Auslage, dessen Arm durch einen Hydraulikzylinder bewegt wird. Dieser Bagger beginnt mit dem Abtragen des Hauses beim Dachstuhl mittels eines Sortiergreifaufsatzes, dessen Backen nicht ganz geschlossen sind […]."* (S. 187/S. 182) Prolog und Epilog rahmen die Binnenhandlung, die von den Einzelschicksalen der Figuren erzählt. Mit

Funktion

deren Tragik, Betroffenheit und Emotionalität stehen sie in einem seltsamen Gegensatz, der dazu beiträgt, die Einzelschicksale in ihrer Bedeutung zu relativieren.
Ein ganz ähnlicher Effekt findet sich im letzten Kapitel von der unberechtigten Eigenbesitzerin, deren reales Vorbild wohl Jenny Erpenbeck selbst ist. Die unberechtigte Eigenbesitzerin muss nach der Wiedervereinigung auf Beschluss eines Gerichtes das Haus ihrer Familie an die Erben des Architekten abgeben. Der Verlust des Hauses stellt für die Frau eine Art Identitätsverlust dar, den zwar ihr Mann nicht nachvollziehen kann (vgl. S. 183/S. 177), sie selbst aber bewusst reflektiert. Indem sie sich mehrere Tage heimlich in dem Haus aufhält und es sorgfältig reinigt, nimmt sie symbolisch Abschied von diesem Teil ihrer eigenen Vergangenheit. Dieser hochemotionale Vorgang des Trauerns und Abschiednehmens steht in starkem Kontrast zu der das Schlusskapitel dominierenden juristischen Fachsprache, die auf jeden kurzen Abschnitt der unberechtigten Eigenbesitzerin folgt: „Mit ihrem Vater hatte sie schon lange nicht mehr über das Grundstück gesprochen. Recht, Abt. III, lfd. Nr. 1, lastend auf dem Grundstück, Gemarkung, Flur, Flurstück. Streitbefangenes Grundstück. Bestandskraft.“ (S. 176/S. 170) Der dabei entstehende Kontrast macht in diesem konkreten Zusammenhang die Unangemessenheit und die Unmenschlichkeit der Sprache der Rechtswissenschaft deutlich. Ihre Paragrafen können die persönliche Tragödie, die der Verlust des Hauses für die Frau mit sich bringt, nicht erfassen.

Kontrast zwischen Emotion und juristischer Fachsprache

Fachsprachen im Roman

Geologie	**Jura**	**Bautechnik**
(vgl. S. 9 – 11/ S. 9 – 10)	(vgl. S. 172 f./ S. 166)	(vgl. S. 187/ S. 181 f.)

Im Folgenden werden weitere, für Jenny Erpenbecks Sprache typische sprachlich-rhetorische Mittel skizziert.

Metapher

Beispiel I: „Wo der neue Mensch anfangen soll, kann er nur aus dem alten wachsen." (S. 119/S. 114)
Definition: Metapher
Wirkung und Funktion: Die Schriftstellerin denkt darüber nach, wie es nach ihrer Rückkehr aus dem Exil in die DDR gelingen kann, aus ehemaligen Nazis aufrechte und menschenfreundliche Demokraten zu machen. Dies könne nur durch die Bewusstmachung der eigenen Schuld und Vergangenheit gelingen.

Personifikation

Beispiel II: „Die Türklinke wird von außen niedergedrückt, gibt ein metallenes Seufzen von sich [...]." (S. 121/S. 116)
Definition: Personifikation
Wirkung und Funktion: Das Haus wirkt lebendig. Es hat bereits so viele Schicksale „gesehen", dass es unter der Last dieser Erfahrungen trauert und durchatmet.

Wortspiel

Beispiel III: „Die kleine Elisabeth flüstert ihm hinter vorgehaltenem Feigenblatt zu: Die Vertreibung ins Paradies." (S. 55/S. 52)
Definition: Wortspiel/Analogie
Wirkung und Funktion: Die paradoxe Anspielung auf das paradiesische Leben Adams und Evas im Garten Eden durch das negativ konnotierte Wort „Vertreibung" verdeutlicht die widersprüchliche Situation der Familie des Tuchfabrikanten im Exil in Kapstadt.

Vergleich

Beispiel IV: „Das Haus sollte aussehen, als sei es hier gewachsen, wie etwas Lebendiges." (S. 42/S. 39)
Definition: Vergleich
Wirkung und Funktion: Verdeutlichung des selbstbewussten Anspruchs des Architekten, Heimat und Geborgenheit aktiv und selbstständig herstellen zu können.

Beispiel V: „Sie hatte ihrem Mann nicht erklären können, dass von dem Moment an, als sich abzeichnete, dass sie in diesem Haus nicht alt werden würde, die vergangene Zeit in ihrem Rücken zu wuchern begann [...] und sich als schönes Gefängnis erwies, das sie für immer einschließen würde." (S. 183/S. 177) Oxymoron
Definition: Oxymoron (Kompositum aus sich widersprechenden Begriffen)
Wirkung und Funktion: Das Oxymoron macht die Widersprüchlichkeit der Gefühle der unberechtigten Eigenbesitzerin deutlich.
Das schöne Gefühl, das sich beim Anblick des Hauses in der Erinnerung einstellt, geht einher mit einem Verlust an Freiheit, denn es bindet sie „an dieser Erde fest" (ebd./ebd.). Sesshaftigkeit und die Bindung an einen bestimmen Ort haben erneut negative Folgen für den Einzelnen.

Beispiel VI: „Das Glück wächst aus der Unordnung heraus, so wie die Unendlichkeit aus dem endlichen See herauswächst [...]." (S. 153/S. 149) Metapher
Definition: Metapher
Wirkung und Funktion: Betonung der Erkenntnis des Unterpächters, dass in seinem unsteten und ungeordneten Leben gerade die Chance auf die Verwirklichung individuellen Glücks besteht und dass man Heimat – anders als der Architekt meint – nicht planen kann.

Beispiel VII: „Auf dem Balkongitter vor ihrem Zimmer ließ er ein eisernes Vögelchen anschmieden [...]." (S. 67/S. 63) Symbol
Definition: Symbol
Wirkung und Funktion: Indem der Architekt seiner Frau eine neue Rolle zuweist, verweigert er ihr die Verwirklichung ihrer jugendlichen Lebensträume und zwingt sie zu einem bürgerlich-langweiligen Leben.

Der Roman als Teil der Holocaust-Literatur

In ihrem Kapitel „Das Mädchen" (S. 79 ff./S. 74 ff.) erzählt Jenny Erpenbeck von Doris, der Enkelin des alten Tuchfabrikanten. Bereits im Kapitel vom jungen jüdischen Tuchfabrikanten, der mit seiner Frau gerade noch rechtzeitig dem NS-Terror durch seine Auswanderung ins südafrikanische Exil entkommen kann, findet sie Erwähnung. Die Lesenden lernen sie nun in einer ausweglosen und lebensbedrohlichen Situation kennen, aus der es kein Entkommen mehr geben wird. Ohne Frage stellt dieses nicht zufällig in der Mitte des Romans stehende Kapitel die extremste Form einer Heimsuchung dar, der ein Mensch ausgesetzt sein kann. Da Jenny Erpenbecks Roman den unausgesprochenen Anspruch erhebt, die verhängnisvolle deutsche Geschichte des 20. Jahrhunderts durch die Darstellung individueller menschlicher Schicksale zu spiegeln, kann sie den wohl grauenhaftesten und unmenschlichsten Teil dieser Zeit – die Vernichtung von ca. sechs Millionen europäischer Jüdinnen und Juden im Holocaust bzw. der Shoa – nicht aussparen. Durch das Erzählen von Doris und der Familie des Tuchfabrikanten wird ihr Roman somit zum Teil der sogenannten Holocaust-Literatur. Um diese drehte sich viele Jahre lang eine intensive literaturtheoretische Debatte über die Frage, ob und – wenn ja – in welcher Weise dieses Verbrechen überhaupt mit literarischen Mitteln darstellbar ist und damit zum Gegenstand von Kunst werden darf.

Holocaust-Literatur: Doris

Frage der Darstellbarkeit des Verbrechens

Als Teil der Holocaust-Literatur tangiert der Roman das von Theodor W. Adorno (1903 – 1969) stammende Diktum (Ausspruch) „Nach Auschwitz noch ein Gedicht zu schreiben ist barbarisch"[1] (1951). Vereinfacht ausgedrückt verneint der

[1] Theodor W. Adorno, Kulturkritik und Gesellschaft, Suhrkamp, Berlin 1969

Literaturtheoretiker Adorno damit die grundsätzliche Frage, ob die Geschehnisse des Holocausts, insbesondere die brutale und menschenverachtende Ermordung unschuldiger Menschen in Vernichtungslagern wie Auschwitz, überhaupt poetisch darstellbar seien. In diesem Kontext stand bei Adorno die Lyrik, aber auch das Erzählen unter dem „Vorbehalt, mit der glättenden Rede über den Schrecken einer Transformation des blutigen Geschehens in schöne Verse zu dienen und zugleich eine unerhörte Menschheits-Katastrophe zum Zwecke des schaurig-schönen Konsums zu idyllisieren[1]". Adornos Warnung zielt auf die Gefahr der Banalisierung des Schreckens durch schöne Worte, die nicht nur als verbraucht, sondern auch als „von den Verbrechern kontaminiert"[2], d. h. missbraucht galten. Sie zeugt von der grundsätzlichen Skepsis, mit Sprache überhaupt über das Unvorstellbare schreiben zu wollen. Gleichzeitig steht außer Frage, dass vom Holocaust zu sprechen sein muss, wenn er nicht in Vergessenheit geraten soll.

Gefahr: Banalisierung des Schreckens

Der Widerspruch zwischen Schweigen und Erzählen

ethisch begründbares Zeugnisgebot: Um den Holocaust nicht zu vergessen, muss man von ihm erzählen.

ästhetisches Darstellungsverbot: Die künstlerische Darstellung könnte das Verbrechen bagatellisieren.

[1] http://lernen-aus-der-geschichte.de/Lernen-und-Lehren/content/12284 (Aufruf: 11.12.2023)

[2] Ebd.

Damit ist der zentrale Widerspruch zwischen einem ethisch begründbaren Zeugnisgebot und einem ästhetisch eingeforderten Darstellungsverbot benannt, der in den letzten Jahrzehnten in vielfältiger Weise von den Dichterinnen und Dichtern bearbeitet worden ist.
Wie und auf welche Weise aber schreibt Jenny Erpenbeck über den Holocaust?

Situation von Doris

Um diese Frage beantworten zu können, ist es notwendig, sich die innere und die äußere Situation des Mädchens vor Augen zu führen. Doris hält sich – nach dem Abtransport der Großeltern, dem Tod des Vaters, dem für sie unerklärlichen Verschwinden der geliebten Mutter und der Auflösung des Gettos – in einer winzigen dunklen Kammer im Warschauer Getto versteckt. Die Lesenden haben Teil an den berührenden Gedanken des Kindes, das sich an das glückliche Leben im Kreise seiner Familie in den Sommern im Haus am märkischen See erinnert. In der absoluten Dunkelheit, die sie in ihrem Versteck umgibt, symbolisiert das Schwarze den Heimatverlust, den sie mithilfe der farbenfrohen Erinnerung an das schöne Leben, das sie einmal hatte, zu kompensieren versucht. Das von den anderen vergessene Mädchen versucht sich im Akt der Erinnerung, an sein altes Leben seiner eigenen Existenz und Identität zu

Vergewisserung der eigenen Existenz und Identität

vergewissern: „Nichts Schöneres, als mit offenen Augen zu tauchen. Hinzutauchen bis zu den schimmernden Beinen von Mutter und Vater, die eben schwimmen waren und nun durch das flache Wasser zurück zum Ufer waten. Nichts Schöneres, als sie zu kitzeln und, durchs Wasser gedämpft, zu hören, wie sie kreischen, um ihrem Kind eine Freude zu machen.“ (S. 91/S. 87) Diese Gedanken an ihre wundervollen Sommertage, die sie im Haus ihres Onkels Ludwig am märkischen See verbracht hat und die sie als glückliche Zeit erinnert, geben Doris Hoffnung. Zahlreiche ähnliche kurze Sequenzen in diesem Kapitel lassen sich als Ausdruck von Widerstand des tapferen Mädchens angesichts ihrer letztlich ausweglosen Situation deuten. Die emotionale Erschütterung aufseiten der Lesenden aber stellt sich vor allem dadurch ein, dass der erinnernde Rückblick auf vergangene Zeiten direkt abgelöst wird durch das Grauen der Gegenwart. So heißt es unmittelbar vor der soeben zitierten Textstelle: „[Z]wei Minuten lang atmet sie den Geruch nach Kiefern ein, den sie so gut kennt, nur die Kiefern selbst kann sie wegen des hohen Zauns nicht sehen. Ist sie tatsächlich nach Hause gekommen? Zwei Minuten spürt sie den Sand unter den Schuhen, auch ein paar kleine Feuersteine und Kiesel aus Quarz oder Granit, bevor sie die Schuhe für immer auszieht und sich auf das Brett stellt, um sich erschießen zu lassen.“ (Ebd./S. 86) Während die persönlichen Erinnerungen des Mädchens also überaus emotional aus personaler Sicht verfasst sind, wird seine Ermordung in geradezu emotionslos-neutraler Sachlichkeit geschildert, weil es dafür keine anderen Worte gibt.

Erzählstrategie der Kontraste:
Wie Jenny Erpenbeck vom Holocaust erzählt

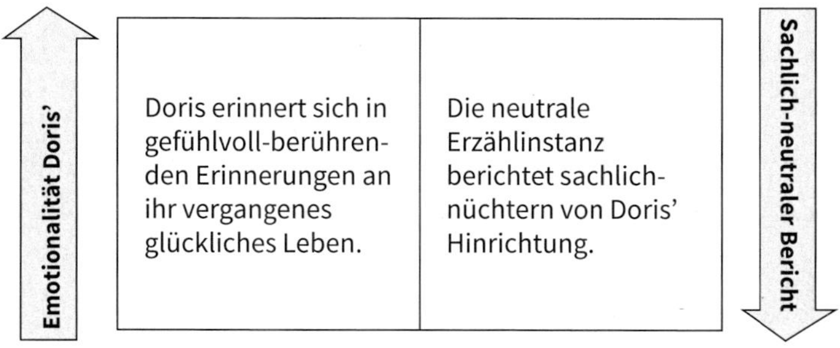

Kontrastives Erzählen

Es ist genau dieser Kontrast, der die Lesenden erschüttern soll. Tatsächlich gelingt es Jenny Erpenbeck durch diese Art des kontrastiven Erzählens, dass Doris den Lesenden im

Nähe zur Figur

Akt der Lektüre so nah wie keiner anderen Figur des Romans kommt. Erpenbecks Entscheidung, von Doris' Schicksal in einer sachlich-nüchtern Rhetorik zu berichten, ist für Bettina Bannasch in der deutschsprachigen Literatur die vielleicht am häufigsten gewählte.[1]

Schlich-nüchterner Sprachstil

Der sachlich-nüchterne Sprachstil Erpenbecks ist dabei nicht nur ein Kennzeichen ihres Schreibens über den Holocaust, sondern er zeigt sich im gesamten Roman. Bereits im Auftaktkapitel „Der Großbauer und seine vier Töchter" (S. 14 ff./S. 12 ff.) werden die menschenfeindlichen, aus uralten Traditionen herrührenden Regeln, die den vier jungen Frauen personales Glück verunmöglichen, kommentarlos in einer Aufzählung präsentiert: „Wenn eine heiratet, darf sie sich ihr Brautkleid nicht selbst nähen. Auch in ihrem Haus darf das Brautkleid nicht hergestellt werden. Auswärts wird es genäht und beim Nähen darf keine Nadel zerbrechen." (S. 14/S. 12) In distanziert-akribischem Juristendeutsch wird im Abschlusskapitel „Die unberechtigte Eigenbesitzerin" (S. 172 ff./S. 166 ff.) von den Rückerstattungsforderungen der westdeutschen Erbengemeinschaft berichtet: „Klagend: Herausgabe und Räumung des Grundstücks, des Hauses, gegen geleistete Ausgleichszahlung. Widerklagend. Ob Erwerb redlich, ob dingliches Nutzungsrecht gegeben, dabei nicht streiterheblich. Neun acht fünf BGB Anspruchsgrundlage der Kläger. Unstreitig. Unmittelbarer Besitz." (S. 172/S. 166) Die gleiche schmucklose Sprache nutzt Erpenbeck in ihrem Prolog, der in geologischer Wissenschaftssprache von den Anfängen der natürlichen märkischen Landschaft erzählt (vgl. S. 9 ff./S. 9 f.). Auch der technisch perfekte und baunormgerechte Abriss des Hauses im Epilog wird in nüchterner Fachsprache dokumentiert (vgl. S. 186 ff./S. 181 ff.).

---

[1] Vgl. https://opus.bibliothek.uni-augsburg.de/opus4/frontdoor/deliver/index/docId/39413/file/39413.pdf (S. 37) (Aufruf: 11.12.2023).

In allen Fällen sorgt die distanziert-nüchterne und vor allem kommentarlose Erzählweise Erpenbecks aufseiten der Lesenden für Empörung und Erregung, die im Falle Doris' Schicksals am tiefsten wirkt. Seinen rhetorischen Ursprung hat der bewusst schmucklos gehaltene Stil, der „genus humile", in der antiken Rhetorik. Er findet vor allem dann Anwendung, wenn „der Eindruck vermittelt werden soll, dass die Dinge ‚für sich' sprechen. Er erzeugt den Eindruck, der Redner trete ganz hinter seinen Gegenstand zurück und vermittle Sachverhalte ohne jede wertende Kommentierung und Einfluss nehmende Inszenierung"[1].

Wirkung: Empörung und Erregung

Im Hinblick auf ihr Erzählen von Doris orientiert sich Jenny Erpenbeck dabei an literarischen Verfahren der Holocaust-Literatur der 1970er- und 1980er-Jahre, bei dem das bewusst nüchterne Schreiben die Grausamkeit als eine Art „Leerstelle" markiert und umkreist, statt sie zu bewerten.[2]

Auch wenn die Episode von Doris mit Sicherheit die berührendste Sequenz des gesamten Romans darstellt, ist sie nicht ohne Kritik geblieben. Hans-Georg Wendland beispielsweise hält es für problematisch, wenn eine anonyme Erzählerfigur sich anmaßt, aus der Psyche eines Kindes herauszulesen, „was sich in Momenten höchster Todesangst darin abspielen könnte"[3]. Erpenbecks introspektive Erzähltechnik, bei der die Erzählinstanz von außen in die Figur quasi hineinschaut und die Leserschaft auf intimste Art und Weise teilhaben lässt an der Gedanken- und Gefühlswelt des Mädchens, kritisiert er als unangemessen.

Kritik: Anmaßung

Ebenfalls kritisch sieht Wendland die „Problematik einer klaren Trennungslinie zwischen Dokumentarischem und Fiktivem."[4] Denn Doris Kaplan, der die Dichterin den ge-

Fehlen einer Trennungslinie

[1] https://opus.bibliothek.uni-augsburg.de/opus4/frontdoor/deliver/index/docId/39413/file/39413.pdf (S. 38) (Aufruf: 11.12.2023)

[2] Vgl. ebd.

[3] Hans-Georg Wendland: Der Roman „Heimsuchung" von Jenny Erpenbeck und die Suche nach Heimat, München 2021, S. 10

[4] Ebd.

samten Roman widmet, hat tatsächlich gelebt und ist von den Nationalsozialisten ermordet worden. Offenkundig hat Jenny Erpenbeck wichtige biografische Aspekte von Doris Kaplan recherchiert. Einen weiteren Teil jedoch, das Fiktive, hat sie erfunden und hinzugedacht. Die Frage, ob diese literarische Erweiterung des Dokumentarischen legitim ist, steht damit weiter im Raum und wird Gegenstand zukünftiger poetologischer Diskussionen im Kontext der Holocaust-Literatur sein.

Rezeption des Romans „Heimsuchung"

Bei seinem Erscheinen im Jahr 2008 wurde der neue Roman Jenny Erpenbecks in den Feuilletons der bedeutenden Tages-, Wochen- und Fachzeitungen besprochen. In der Folge werden einige ausgewählte Rezensionen vorgestellt. Insgesamt wurde der Roman weitgehend positiv besprochen, in Teilen sogar euphorisch aufgenommen und die junge Autorin als große literarische Entdeckung gefeiert.

Rezension von Katharina Granzin

In ihrer Buchbesprechung „Zwischen Streben und Ausgeliefertsein" feiert die Rezensentin den Roman Erpenbecks und bezeichnet ihn als ein „Wunder"[1]. Zu Beginn erläutert Granzin die Doppeldeutigkeit des Titels: Dieser beinhalte zum einen das aktive Streben des Menschen, sich eigenständig Heimat anzueignen. Das sei das eine Thema des Romans. Auf der anderen Seite impliziere der Begriff „Heim-suchung" zugleich das genaue „Gegenteil des akti-

[1] Vgl. https://taz.de/Jenny-Erpenbecks-Roman-Heimsuchung/!5185475/ (Aufruf: 11.12.2023).

ven Suchens" und zeige, „wie Menschen gegen ihren Willen eingeholt werden von einer Außenwelt, die in ihren privaten Raum einbricht und dies durchaus nicht in freundlicher Absicht"[1]. Für die Rezensentin geht es in „Heimsuchung" daher vor allem um die „Geworfenheit des Menschen in die Welt" sowie das „existenzielle Spannungsfeld zwischen individuellem Streben und schicksalhaftem Ausgeliefertsein." Granzin betont, dass es Erpenbeck sprachlich gelinge, ihr anspruchsvolles Thema in „poetische[r] Genauigkeit" derart zu gestalten, dass ein „assoziativer Sprachraum" entstehe, der wie eine Art „Lese-Musik im Kopf" wirke. Im Anschluss an ihre Begutachtung der Sprache Erpenbecks stellt sie ausgewählte Episoden des Romans vor. Besonders überzeugt zeigt sich die Rezensentin von der Geschichte des Mädchens Doris, das durch seine Erinnerungen im dunklen Versteck „stillen Widerstand" gegen seine hoffnungslose Situation leiste.

„Geworfenheit des Menschen"

„Spannungsfeld zwischen individuellem Streben und schicksalhaftem Ausgeliefertsein"

„Lese-Musik im Kopf"

Am Ende widmet sich Granzin der Figur des Gärtners, der für sie eine interessante „überindividuelle Figur" ist. Als „Schöpfer eines kleinen Paradieses" wirke er „wie ein guter Geist oder wie eine unerkannte, stumme Gottheit". Da er die „Natur für die Menschen zu einem Garten" zivilisiere, müssten sich die Lesenden den Gärtner „als einen glücklichen Menschen vorstellen". Granzins letzter Satz lässt keinen Zweifel daran, dass die Rezensentin den Roman für gelungen und lesenswert hält: „Und wer kein Gärtner ist, kann doch immerhin wieder von vorne zu lesen beginnen."

Gärtner als einziger glücklicher Mensch

Rezension von Katharina Döbler

Katharina Döblers Rezension trägt den Titel „Großmutters klein Häuschen[2]". Die Autorin hat für ihre Buchbesprechung Jenny Erpenbeck in deren Altbauwohnung in Berlin-

1 Ebd.; alle weiteren Zitate: ebd.
2 www.zeit.de/2008/23/L-Erpenbeck-NL (Aufruf: 11.12.2023)

Autobiografische Spuren im Roman

Mitte persönlich besucht und mit ihr ein Gespräch über „Heimsuchung“ und die Bedeutung von Heimat und Heimatlosigkeit für den Menschen geführt. Die Rezension hat einen außergewöhnlichen Ansatz, denn sie geht von der Biografie Jenny Erpenbecks selbst aus: Diese habe „einen großen Teil ihrer Kindheit in diesem Haus verbracht“[1], der das topografische Zentrum des Romans bilde. Nach der Wende habe die Familie das Haus an die Erben der jüdischen Alteigentümer zurückgeben müssen. Die Dichterin mit ostdeutschen Wurzeln verarbeite mit ihrem Roman also auch einen ganz persönlichen Verlust.

Dieser autobiografische Hintergrund – tatsächlich schreibt Erpenbeck über das Haus ihrer Großmutter Hedda Zinner, mit dem sie selbst viele schöne Erinnerungen verbindet – verleihe „Heimsuchung“ ein hohes Maß an Glaubwürdigkeit, auch indem er die richtigen Fragen stelle: „Was sucht man eigentlich, wenn man nach einer Heimat sucht? Worin besteht Sesshaftwerden? Und was ist einem daran so viel wert?“ Döbler betont, dass es Erpenbeck trotz der persönlichen Betroffenheit gelinge, mit „großer Objektivität“ zu schreiben. Erpenbeck schreibe keine narzisstische Betroffenheitsliteratur, sondern verzichte auf „autobiografischen Groll“.

Auch von der Sprache des Romans zeigt sich die Rezensentin beeindruckt. Für sie ist „Heimsuchung“ mit „feinem Strich und großer Wirkung“ gearbeitet. Am Ende ihrer Überlegungen beschäftigt sich Döbler mit der Gattungsfrage. Obwohl er sich in jeder einzelnen seiner Episoden mit dem Thema Heimat auseinandersetze, sei „Heimsuchung“ kein Heimatroman, sondern „ein Roman, der über Heimat nachdenkt“. Sie hält Erpenbecks Text für einen Roman, „der keine Heimat zu beanspruchen wagt aus Furcht, die Wahrheit zu verfehlen“. Das sei auch der Grund dafür, dass

[1] Ebd.; alle weiteren Zitate: ebd.

„Heimsuchung“ nicht die Geschichte eines Menschen erzähle, sondern die vieler unterschiedlicher Individuen, vor denen die Dichterin „Respekt“ zeigte.

Rezension von Roman Bucheli

Roman Buchelis insgesamt sehr positive Rezension trägt den Titel „Am Ufer des Märkischen Meeres“[1]. Bucheli beginnt mit einem literaturgeschichtlichen Rückblick und macht mithilfe von Werken anderer Autorinnen und Autoren deutlich, wie wichtig die literarische Auseinandersetzung mit der Vergangenheit des Menschen sei.

Erst in seinem dritten Absatz geht er zu seinem eigentlichen Thema, Erpenbecks Roman „Heimsuchung“, über. Hier zeigt er auf, dass die ostdeutsche Dichterin sich bei ihrem Jahrhundertroman „nicht strikt an die Chronologie“[2] halte. Sie „springt vielmehr häufig voraus und wieder zurück, überblendet die verschiedenen Zeitebenen. Es entsteht dadurch sowohl der Eindruck der vergehenden wie auch der gestauten Zeit.“

Erzählsprünge

Überblendung von Zeitebenen

Nach seiner erzähltechnischen Analyse wendet sich Bucheli der Biografie der Romanfiguren zu, die er exemplarisch benennt. Dabei lässt er keinen Zweifel daran, dass Erpenbeck insgesamt „keine gute Geschichte“ erzähle: „Im Kleinen wie im Großen häuft sich das Leid.“ Dennoch ist es dem Rezensenten wichtig zu betonen, dass „Heimsuchung“ kein durch und durch depressiv anmutender und die Lesenden traurig hinterlassender Roman sei. Dieser kenne „auch lichte Momente, kleine Handreichungen und stille Gesten der Fürsorge und Zuneigung“. Als Beleg zitiert er die Romansituation, in der jemand im Boot an das Ufer gelange und „eine dienstbare Hand“ den Ankömmling freund-

Anhäufung von Leid und Schrecken

---

1 www.nzz.ch/am_ufer_des_maerkischen_meers-ld.461571 (Aufruf: 11.12.2023)

2 Ebd.; alle weiteren Zitate: ebd.

lich empfange, ihm an Land helfe und sogar das Seil sorgsam am Steg verknote.

Gärtner als Ruhepol

Am Ende wendet sich Bucheli der Figur des stummen Gärtners zu, der „ganz unberührt von den Wechselfällen der Geschichte" als eine Art Ruhepol agiere, zu dem der Roman immer wieder zurückkehre.

Rezension von Martin Halter

Zurückhaltung und Bescheidenheit Erpenbecks

Martin Halter beginnt seine Rezension „Das Haus am Scharmützelsee"[1] mit einem Lob. Neigten jüngere deutsche Autoren und Autorinnen dazu, die „Geschichte der eigenen Familie zur epischen Sage, wenigstens zu einer Chiffre deutscher Verhängnisse aufzubrezeln"[2], gehe Jenny Erpenbeck den Weg „in umgekehrter Richtung". Halter untermauert seine These von der zurückhaltenden und bescheidenen Schreibweise Erpenbecks, indem er biografische Informationen zur Familiengeschichte der Dichterin gibt. Es besteht für ihn kein Zweifel, dass „Heimsuchung" auch ein persönlicher „Familienroman" der Dichterin sei, doch gelinge es ihr, darüber kein großes Aufsehen zu machen: „Sie ist zu diskret und distanziert, um auch nur ein Wort darüber zu verlieren; aber jedes Wort verrät, was dieses Haus für sie bedeutete."

Ewiger Kreislauf von Werden und Vergehen

Im Anschluss widmet sich Halter ausgewählten Romanfiguren, wie z. B. dem Architekten, dem Mädchen Doris oder der unberechtigten Eigenbesitzerin. Sie alle stehen für den Rezensenten „im ewigen Kreislauf von Werden und Vergehen". Eine Ausnahme sieht Halter dabei in der Figur des Gärtners: „Er war immer da und wird ewig bleiben, als Teil der Natur, als gütiger Hausgeist und Stifter eines sanften Naturgesetzes."

---

[1] www.faz.net/aktuell/feuilleton/buecher/rezensionen/belletristk/literatur-das-haus-am-scharmuetzelsee-1515514.html (Aufruf: 11.12.2023)

[2] Ebd.; alle weiteren Zitate: ebd.

Nach der Beschäftigung mit dem Schicksal exemplarischer Figuren wendet sich Halter der Sprache Erpenbecks zu. Von dieser zeigt er sich überaus beeindruckt: „Dutzend lose miteinander verknüpfter Geschichten ohne episches Fett, ohne Dialoge und meistens auch ohne Namen.“ Halter hebt an einigen Beispielen die zahlreichen Wortspiele und Leitmotive hervor, die Erpenbeck geschickt verklammere und rhythmisch strukturiere. Daher sei der Roman „virtuos konstruiert“.

Sprache: Verklammerung und Rhythmus

Die insgesamt positive Rezension kommt aber nicht ohne Kritik aus. Da der Roman sehr schnell von einem Schicksal zum nächsten springe, würden die Lesenden nicht richtig „warm“ mit seinen Figuren. Identifikation und Empathie mit den Handlungsträgern komme so kaum zustande. Trotz aller „schlackenlose[n], poetisch beherrschte[n] Sprachkunst“ werde man den Text eher distanziert lesen: „[W]ohnen möchte man in diesem radikal entkernten Haus am See eigentlich nicht.“

Kritik

Distanz

Rezension von Alexander Camman

Im Unterschied zu allen bisher vorgestellten Rezensionen ist die Buchbesprechung „Sommerhaus, früher“[1] von Alexander Camman insgesamt eher kritisch.

Zu Beginn gibt Camman einen kurzen und notgedrungen unvollständigen Überblick über die Handlung des Romans. Diese sei überwiegend trost- und hoffnungslos: „Idyllisch ist das alles nicht.“[2] Erpenbeck versuche, ihren verdichteten Episoden einen „düsteren Schuldzusammenhang“ zu verleihen, aus dem es kein Entrinnen gebe. Das wirke konstruiert und in seiner Häufung ermüdend und unglaubwürdig: „Es wird viel gestorben, und die Heimsuchung lauert

Vorwurf der Konstruktion und Künstlichkeit

[1] Vgl. www.fr.de/kultur/literatur/sommerhaus-frueher-11561270.html (Aufruf: 11.12.2023).

[2] Ebd.; alle weiteren Zitate: ebd.

an jeder Ecke, im Großen wie im Kleinen, wie so oft im vergangenen Jahrhundert.“ Der Versuch der Autorin, die große Geschichte des 20. Jahrhundert anhand der ausschnitthaft dargestellten Heimatsuche exemplarischer Menschen zu erzählen, scheitere an der „Innenausstattung: Wo sie nur kann, überlastet sie die Wände des armen Hauses mit tonnenschwerer Bedeutung. Zudem überkleistert sie es sprachlich mit derart triefenden Pinselstrichen, dass der gepeinigte Leser bald kaum mehr umblättern mag, weil er mit Recht fürchtet: Auf der nächsten Seite kommt es noch dicker“.

Folge: Leseunlust

Für Camman wäre es wohl besser gewesen, Erpenbeck hätte sich auf das Erzählen einer einzigen Geschichte konzentriert, statt sich an 12-seitigen Episoden zu verheben. Sie habe einfach „zu viel gewollt“. Damit nicht genug. Im weiteren Verlauf wird Cammans Rezension zu einem richtigen Verriss, der kaum ein gutes Haar an „Heimsuchung“ lässt: Die Geschichten des Mädchens Doris und der Frau des Architekten hält der Rezensent für klischeehaft und erwartbar, und auch die metaphysische, symbolhafte „Überhöhung ihrer Hausgeschichte“ sei ebenso wie die Einbettung des Geschehens in Pro- und Epilog eher trivial als bedeutungstragend. Insgesamt ist Camman der Roman zu laut und aufdringlich in seiner Botschaft von der Heimatlosigkeit des Menschen: „Wäre ihre eigene ‚Heim-Suchung‘ leiser, privater ausgefallen, so hätte es ein gelungenes Buch werden können.“ So aber mache die „Symbolsoße“ des Romans diesen „zu Matsch“.

Klischeehaft, erwartbar und trivial

Roman insgesamt zu laut und aufdringlich

Der Roman „Heimsuchung“ in der Schule

Der Blick auf die Figuren: Die Personencharakterisierung

Um einen Erzähltext verstehen zu können, ist es sinnvoll, sich ein möglichst genaues Bild von den Handlungsträgern und -trägerinnen – den Figuren eines Romans, einer Erzählung oder einer Novelle – zu machen. Diese in der Schule häufig eingeforderte Textsorte bezeichnet man als Charakterisierung. Dabei liegt die Herkunft des Wortes „Charakter“ im Griechischen, es meint so viel wie „eingekerbtes Zeichen, Wesen, Eigentümlichkeit“. Spricht man folglich vom Charakter eines Menschen, meint man sein Äußeres sowie die Gesamtheit seiner Erfahrungen, unverwechselbaren und einzigartigen Eigenschaften und Verhaltensweisen, welche die Grundlage seines Denkens, Fühlens und Handelns darstellen. Die Charakterisierung einer literarischen Figur kann auf zwei Arten erfolgen: zum einen direkt durch die Selbstaussagen der Figur, sie kann zum anderen auch durch die Aussagen anderer Figuren oder die des Erzählers erfolgen. In diesem Fall sollte der Interpret bzw. die Interpretin sehr sorgfältig vorgehen, da die Aussagen anderer Figuren über den Protagonisten bzw. die Protagonistin nicht immer sachlich zutreffend sein müssen, sondern häufig tendenziell und mit einer ganz bestimmten Absicht formuliert sind. Als indirekte Charakterisierung bezeichnet man diejenigen Aspekte, welche der Leser oder die Leserin aus dem Verhalten der Figur erschließt. Auch hier sollte sich der Interpret bzw. die Interpretin darüber im Klaren sein, dass seine/ihre Einschätzung der Figur eine Deutung darstellt, die der Überprüfung mittels sinnvoller, funktionaler Textbelege bedarf.

Eine literarische Figur charakterisieren – Tipps und Techniken

Beim Verfassen einer schriftlichen Charakterisierung einer literarischen Figur ist folgendes Vorgehen empfehlenswert:

1. **Einleitung**

   Informieren Sie darüber, um welchen Text bzw. welche literarische Figur es geht. Nennen Sie hierfür die Autorin/den Autor, den Titel und die Textsorte (Roman, Erzählung, Drama, Novelle, Kurzgeschichte o. Ä.). Welche Funktion hat die Figur im Ganzen? Am Ende erfolgt ein Absatz.

2. **Hauptteil**

   Dies ist der Kern Ihrer Charakterisierung. Gehen Sie dabei systematisch vor und beachten Sie die folgenden Leitfragen. Dabei legen Sie eigenständig Schwerpunkte fest. Es liegt auf der Hand, dass nicht sämtliche der hier aufgeführten Fragen gleichermaßen wichtig sein können.

   a) **sozialer Status und persönliche Informationen**
   - Was ist über Name, Geschlecht, Alter und Beruf der Figur bekannt?
   - Gibt es auffällige äußere Merkmale (Aussehen, Kleidung, unverwechselbare äußere Merkmale)?
   - In welchen Lebensverhältnissen (sozio-ökonomisches Umfeld) lebt die Figur?
   - Gibt es Informationen zur Vorgeschichte, Biografie oder Herkunft der Figur?

   b) **zentrale Charaktereigenschaften**
   - Welche typischen Verhaltensweisen, Eigenarten und Gewohnheiten sind erkennbar?
   - Welche sind die bedeutendsten Charakterzüge bzw. Wesensmerkmale der Figur?

- Welches Bild hat die Figur von sich selbst (Selbstbewusstsein, Arroganz, geringes Selbstwertgefühl …)?
- Über welches Weltbild und welche inneren Einstellungen verfügt die Figur?
- Gibt es im Laufe der Handlung eine Entwicklung der Figur, verändert sie sich?
- Wie stellen sich das Verhältnis und die Beziehung zu anderen Figuren dar?
- Auf welche Art und Weise wird die Figur von ihrer sozialen Umgebung wahrgenommen?
- Welche Umstände prägen ihr Dasein, was ist besonders prägend?

c) Sprachgebrauch und Sprachverhalten

- Was ist allgemein am Sprachgebrauch der Figur auffällig, wie lässt sich dieser beschreiben?
- Gibt es auf Satz- und Wortebene (Syntax, Wortwahl) Besonderheiten (z. B. Satzabbrüche, viele Ausrufe, unvollständige Satzkonstruktionen o. Ä.)?
- Wie verhält sich die Figur in den Gesprächen mit ihren Mitmenschen? Geht sie auf andere zu, macht sie Gesprächsangebote und setzt Impulse oder aber ist sie ein eher passiver und zurückhaltender Gesprächspartner/eine eher passive und zurückhaltende Gesprächspartnerin?

3. Schlussteil: Zusammenfassende Bewertung

Im Schlussteil, der vom Hauptteil mit einem Absatz abgegrenzt werden sollte, erfolgt eine Zusammenfassung der Ergebnisse. Dabei können Sie sich an folgenden Leitfragen orientieren:

- Welche Gesamtdeutung der Figur ergibt sich aus den im Hauptteil diskutierten Erkenntnissen? Wie ist die Figur im Romankontext zu bewerten?

- Was soll durch die Installation dieser Figur bei den Lesenden erreicht werden? Welche Funktion kommt der Figur zu?
- Handelt es sich bei der Figur um einen einzigartigen Charakter oder bloß um einen Typus?
- Inwieweit sind die Charaktermerkmale gesellschaftlich bedingt?

Im Folgenden werden Ihnen einige ausgewählte, kurze und z. T. absichtlich verknappte Charakterisierungen zu den zentralen Figuren aus Jenny Erpenbecks Roman „Heimsuchung“ vorgestellt. Eine vollständige und umfassende Charakterisierung der Romanfiguren ist schon allein deshalb nicht möglich, weil Erpenbeck von ihnen nur in kurzen, meist nicht mehr als zwölfseitigen Episoden erzählt, die eher wie ein Fragment wirken und daher unvollständig sind. Sie dienen vor allem unerfahrenen Schreibern und Schreiberinnen zu einer ersten Orientierung. Dabei erfüllen sie keinesfalls einen Anspruch auf Vollständigkeit, sondern sollen als Impuls für die eigene Weiterarbeit verstanden werden.

Der Großbauer Wurrach

1. Einleitung

Im Zentrum des ersten Figurenkapitels des Romans „Heimsuchung“ von Jenny Erpenbeck aus dem Jahr 2008 steht der Großbauer Wurrach mitsamt seinen vier Töchtern. Er ist ein wohlhabender Bauer mit einigen Angestellten, die für ihn arbeiten. Zugleich hat er in der Dorfgemeinschaft die Funktion des sogenannten Schulzen inne.

2. Hauptteil – Sozialer Status und persönliche Informationen

Als Amts- oder Gemeindevorsteher nimmt der Alleinerziehende damit eine bedeutende Rolle innerhalb seines sozialen Umfeldes wahr. Er ist sehr angesehen und sich dieses Ansehens auch sehr wohl bewusst. Seine hohe soziale Stellung beruht dabei zum einen auf der Familientradition.

Schon sein Großvater und sein Vater nahmen diese Position ein, die seiner Familie ursprünglich bereits in der Mitte des 17. Jahrhunderts vom damaligen König verliehen wurde (vgl. S. 16/S. 14). Auf dieser uralten Tradition fußt das Selbstvertrauen des alten Wurrach, dem Klassenbewusstsein, Geld und Besitz viel bedeuten. Seinen symbolischen Ausdruck findet diese materialistische Grundeinstellung des Großbauern in seinen wöchentlichen Kutschfahrten durch das Dorf, die er mitsamt seiner vier Töchter, die er allein erzieht, unternimmt. Den die Kutsche ziehenden Pferden zieht er sogar weiße Strümpfe an, um seine Sonderstellung im Dorf auszudrücken (ebd./ebd.). Dass diese beim sonntäglichen Ausritt schnell mit Dreck „bespritzt" (S. 17/S. 15) werden, zeigt dabei die Bedrohung der Position des Großbauern, der daher darum bemüht ist, seine Stellung in der Dorfhierarchie zu verteidigen. Ein echtes Interesse an Kommunikation und Austausch mit den Dörflern zeigt er nicht. Ihm geht es allein darum, sein eigenes Territorium, vor allem Haus und Bauernhof, zu schützen und damit die Existenz seiner Familie zu gewährleisten. Wirklich sozial integriert und heimisch ist er in seiner dörflichen Gemeinschaft also nicht, und das ist auch nicht das Ziel Wurrachs, der mit seinen Nachbarn im „Streit" (S. 19/S. 17) liegt, um seine Besitztümer zu sichern.

Klassenbewusstsein und Materialismus

Herausgehobene Stellung im Dorf ist bedroht

Verhältnis zu seinen Mitmenschen

Dazu benutzt er insbesondere seine vier Töchter, die er nicht liebevoll, sondern eher wie wertvollen Sachbesitz behandelt. Dies wird zum einen darin deutlich, dass er seinen Kindern nur sehr wenig Freiraum, z. B. zum Spielen, lässt und ihnen mithilfe der „Peitsche" (S. 17/S. 15) Befehle erteilt, die er zuvor noch zur Züchtigung seiner Pferde genutzt hat. Gehorsam beenden die vier Kinder ihr Spiel und springen sofort „auf ihre Plätze zurück" (ebd./ebd.), als sie das Zeichen ihres Vaters wahrnehmen. Das Verhältnis des Vaters zu seinen Kindern ist demnach von Strenge und Autorität gekennzeichnet.

Rein funktionales Verhältnis zu seinen vier Töchtern

Strenge und Autorität

Charaktereigenschaften

Dies zeigt sich auch darin, dass der Vater an wirklichem Glück seiner Kinder nicht interessiert ist. Als sie sich in einem heiratsfähigen Alter befinden, tut er alles dafür, dass die Mädchen einen ihrem gehobenen sozialen Stand entsprechenden Ehemann erhalten. Unter Wert will er sie auf keinen Fall verkaufen, was den Hochmut und die Eitelkeit des Großbauern erneut verdeutlicht. So verhindert er die Liebe seiner Tochter Hedwig zu einem „Handarbeiter“ (S. 19/S. 17) und wirft diesen mit den Worten „Ick hol die Axt, ick schlag dir tot“ (ebd./ebd.) vom Hof. Neben der Impulsivität und hohen Emotionalität des erregten und um seinen Rang besorgten Mannes zeigt sein grammatikalisch inkorrekter Sprachgebrauch an dieser Stelle, dass sein hoher Anspruch und sein tatsächlicher Bildungsstand auseinanderklaffen. Daran, dass seine vier Töchter einmal ein anderes Leben führen könnten, das ihnen persönliche Freiheit und Glück ermöglichen könnte, verschwendet der Großbauer keinen Gedanken. Er glaubt vielmehr an die Kraft von Regeln, Sitten, Gebräuchen und jahrhundertealten Traditionen, die er nicht infrage stellt. Dass er sich damit selbst – wie auch seine Töchter – zu einem Gefangenen alter Sitten und Gebräuche macht, merkt er nicht. Er bringt auch nicht die Kraft auf, diese Regeln infrage zu stellen oder gar zum Wohle seiner Kinder zu brechen. So bleibt ihm als alter Mann auch nichts anderes übrig, als seine Besitztümer nach und nach zu verkaufen. Den eigentlich seinen Töchtern zustehenden Grund und Boden veräußert er an unterschiedliche Kaufinteressenten, die auf den Grundstücken am See Häuser für sich und ihre Familien erbauen wollen.

Sprachgebrauch und Sprachverhalten

Glaube an uralte Sitten und Gebräuche

Passivität und Schicksalsergebenheit

3. Schlussteil

Jenny Erpenbecks Roman „Heimsuchung“ erzählt die Geschichte eines Hauses und seiner Bewohnerinnen und Bewohner im 20. Jahrhundert. Die Geschichte des Großbauern ist diesem geografischen Zentrum vorgeschaltet, denn im ersten Kapitel steht das Haus am See noch nicht. Die

Figur des Großbauern gewinnt ihre Bedeutung für das Romanganze einerseits dadurch, dass seine Biografie den Bau des Hauses am Scharmützelsee ermöglicht. Auf der anderen Seite kann sein Scheitern als exemplarisch für die folgenden Romanfiguren gedeutet werden, denen es allesamt nicht gelingt, am See dauerhaft heimisch zu werden. Darin gleichen sie dem Großbauern, der von seiner familiären Vergangenheit derart heimgesucht wird, dass es ihm nicht gelingt, die Spuren seiner Existenz über die Dauer seines eigenen Lebens hinaus sichtbar zu machen. Hier zeigt sich die zerstörerische Kraft einer Heimatvorstellung, die allein auf Traditionen und Ritualen beruht und dem Menschen in Wirklichkeit keine echte Heimat und Identität ermöglicht. Insofern kann man die der eigentlichen Romanhandlung vorgeschaltete Geschichte vom Großbauern als eine Art böses Omen für das Kommende interpretieren.

Scheitern Wurrachs als Vorausdeutung auf das Kommende

Böses Omen

Der Architekt

Mit der Figur des Architekten beginnt im zweiten Figurenkapitel des Romans „Heimsuchung“ von Jenny Erpenbeck (2008) die eigentliche Geschichte des Hauses am Märkischen Meer, dessen wechselnde Bewohner und Bewohnerinnen im Verlaufe des 20. Jahrhunderts unterschiedlichen Heimsuchungen ausgesetzt werden. Er ist es, der dem Großbauern das eigentlich für dessen Tochter ausgesuchte Grundstück am See abkauft und darauf das Haus baut, das im weiteren Verlauf zum Sehnsuchtsort für sämtliche weiteren Romanfiguren wird.

1. Einleitung

Kauf des Grundstücks am Märkischen Meer

Das Kapitel stellt zu Beginn einen nachdenklichen und traurigen Mann vor, der aufgrund der politischen Ereignisse 1951 gezwungen wird, sein Haus und damit seine Heimat in der DDR zu verlassen und in den Westen zu flüchten. Dieser Abschied verläuft emotional: „Es ist schon bitter, dass er jetzt alles eingraben muss.“ (S. 34/S. 31) Zwar ist es dem flexiblen Akademiker im Verlauf seines bisherigen Be-

2. Hauptteil Biografie Abschiedssituation Charaktereigenschaften: Anpassungsbereitschaft und Flexibilität

rufslebens gelungen, sich an unterschiedliche politische Systeme anzupassen, selbst im Dritten Reich Karriere zu machen und die Wirren des Krieges zu überstehen. Doch nun, in der Anfangszeit der DDR, sind seiner Flexibilität Grenzen gesetzt. Aufgrund eines lächerlichen Vorwurfs muss er aus der sozialistischen DDR nach Westdeutschland flüchten, um seiner Verhaftung zu entgehen. Das fällt ihm sehr schwer, denn er hat im selbst gebauten Haus am See Heimat gefunden. Sein Entschluss, wichtige Wertgegenstände im Garten zu vergraben, verdeutlichen seinen Wunsch und seine Hoffnung, eines Tages zurückkehren zu können.

Emotionalität: Trauer und Hoffnung

Der Architekt muss einsehen, dass er – anders als er lange Jahre annahm – nicht Herr über sein eigenes Leben ist. Politische Kräfte, die er eigentlich mithilfe der eigenen vier Wände von seinem Leben aktiv ausschließen wollte, erweisen sich als stärker als er selbst und suchen ihn heim. Das macht ihn sprach- und vor allem hilflos: „Überhaupt weiß er viel weniger, als er einmal wusste.“ (Ebd./Ebd.) Der Architekt erfährt somit am eigenen Leib, dass seine selbstbewusste Vorstellung von Heimat nicht aufrechtzuerhalten ist. Denn noch in den 1930er-Jahren geht er nach dem Kauf des Grundstücks am See davon aus, dass jeder Mensch die Möglichkeit hat, seiner Existenz dadurch Dauer und Sesshaftigkeit zu verleihen, indem er mit den eigenen Händen ein Haus für sich und seine Frau baut: „Heimat planen, das ist sein Beruf. […] Heimstatt. Ein Haus maßschneidern nach den Bedürfnissen seines Herrn. […] Dem Leben Richtungen geben, den Gängen Boden unter den Füßen, den Augen einen Blick, der Stille Türen.“ (S. 38/S. 35) Dieses Selbstbewusstsein zeigt die Figur sehr lange. Doch es findet sein brutales Ende, als der politische Systemwechsel nach dem Zweiten Weltkrieg der Willkür in der DDR Tür und Tor öffnet und diese zur Bedrohung der Freiheit des Architekten wird. Sein Selbstbewusstsein im Hinblick auf das

Einsicht in Lebenslüge

Heimatkonzept

Selbstbewusstsein

Hybris (Übermut)

Vertrauen, sich selbst dauerhaft eine Heimat zu erbauen, entpuppt sich nun als menschlicher Übermut. Dieser zeigt sich bereits im zweiten Gärtner-Kapitel. Hier plant und gestaltet er gemeinsam mit seinem Vetter, einem Gartenarchitekten, den neu entstehenden Garten: „Die Wildnis bändigen, und sie dann mit der Kultur zusammenstoßen zu lassen, das ist die Kunst. […] Sich der Schönheit, unabhängig davon, wo man sie findet, zu bedienen, sagt der Hausherr." (S. 31/S. 29) Aktivität, Selbstbewusstsein und der Anspruch auf personales Glück sind damit die zentralen Charaktereigenschaften, die den Architekten zu Beginn seines beruflichen Lebens auszeichnen. Er meint, für sich und seine junge zweiten Frau durch den Bau eines Haues Identität und Heimat garantieren zu können. Doch die Kraft der Geschichte erweist sich als wirkungsmächtiger und macht den Architekten zu einem passiven Statisten in seinem eigenen Leben. Hilflos und verbittert muss er zuschauen, wie sich sein Lebenstraum und seine Heimat durch die Heimsuchung der Diktatur der DDR auflösen. Das Vergraben wertvoller Erinnerungsgegenstände im Garten kurz vor seiner Flucht kann dann als hilfloser Versuch gedeutet werden, die eigene Identität zu schützen und die Hoffnung auf Wiederkehr am Leben zu erhalten.

Charakter-eigenschaften

Hilf- und Wirkungs-losigkeit

Vergraben von Erinnerungs-gegenständen: Identität schützen und Hoffnung auf Wiederkehr

Die aus dem Hochmut und dem übersteigerten Selbstbewusstsein resultierende Blindheit des Architekten gegenüber den Gefahren der politischen und gesellschaftlichen Heimsuchungen zeigt sich auch im Umgang mit seiner zweiten Frau. Vor allem in dem ihr gewidmeten Kapitel „Die Frau des Architekten" wird deutlich, dass ihr Mann kein Ohr für die tatsächlichen Wünsche und persönlichen Träume seiner Ehefrau hat. Statt ihr wirklich zuzuhören und auf sie einzugehen, gibt er am Wochenende lieber Partys für wichtige Gäste aus Berlin und unterhält diese mit bedeutungslosem Smalltalk. Eine liebevolle, von wirklicher Kommunikation geprägte Partnerschaft, in der die Wünsche des Ge-

Verhältnis zu seiner Frau

Kommunika-tionslosigkeit

genübers gehört und beantwortet werden, kommt so nicht zustande, viel zu sehr ist der Architekt mit sich und seinen eigenen Plänen beschäftigt. Dass diese am Ende Schiffbruch erleiden, verstärkt daher nur den Eindruck des Scheiterns und der Heimatlosigkeit.

3. Schlussteil

Mit der Figur des Architekten stellt Jenny Erpenbeck einen Menschen vor, der selbstbewusst davon ausgeht, dass es dem Einzelnen bzw. der Einzelnen möglich ist, sich selbst Heimat zu gestalten. Dafür steht der Bau des Gartens und des Hauses am Märkischen Meer in symbolischer Weise. Doch die Dichterin zeigt, dass der Anspruch des Menschen auf die selbstbestimmte Ausgestaltung der eigenen Heimat an Zufälle und Heimsuchungen geknüpft ist, die nicht in der Verantwortung des Menschen liegen. Die einmal erbaute Heimat, das Haus aus Stein, wird dem Architekten im entscheidenden Moment zur Falle, da er es auf seiner Flucht in den Westen nicht mitnehmen kann. So wird ausgerechnet er, der dank seiner außergewöhnlichen Anpassungsfähigkeit an verschiedene politische Systeme lange Zeit überlebt hat, zu einem Heimatlosen und Vertriebenen. Aus dem Arisierungsgewinner im Dritten Reich, der sein Grundstück wegen der Flucht des Tuchfabrikanten günstig erweitern kann, wird über Nacht ein Verlierer, der gezwungen ist, im Westen noch einmal ganz neu anzufangen.

Exemplarischer Typus statt einzigartiges Individuum

Der Tuchfabrikant

1. Einleitung

Im Kapitel „Der Tuchfabrikant“ aus Jenny Erpenbecks modernem Heimatroman „Heimsuchung“, erschienen 2008, geht es um einen jüdischen Tuchfabrikanten namens Ludwig, dem im Unterschied zu seinen Eltern Hermine und Arthur die Flucht aus dem nationalistischen Deutschland gelingt. In seinem Exil in Südafrika reflektiert der Exilant seine Situation in der Fremde sowie den Verlust, den die Flucht aus Deutschland mit sich bringt.

Der jüdische Tuchfabrikant Ludwig wandert 1936 ins südafrikanische Kapstadt aus, weil in seiner deutschen Heimat zu dieser Zeit die Diskriminierungen der jüdischen Bevölkerung rasant zunehmen. Lange vor der Vernichtung der Juden und Jüdinnen im Holocaust, die auf der Wannseekonferenz 1942 beschlossen wurde, beweist der junge Mann also vorausschauende Weitsicht und Klugheit. Sein Entschluss, gemeinsam mit seiner Frau Anna auszuwandern, rettet ihm im Gegensatz zu seinen Eltern Arthur und Hermine, die ihre deutsche Heimat nicht verlassen möchten, das Leben. Ludwigs Vater hat in den 1930er-Jahren dem Großbauern eine Parzelle des Grundstücks am See nahe Berlin abgekauft und darauf ein Haus für die Familie errichtet, das allen Familienmitgliedern zur geliebten Heimat wird. Doch diese gerät im nationalistischen Deutschland zur „Falle" (S. 41/S. 38), die Ludwig rechtzeitig erkennt. In Südafrika empfängt der Exilant seine Eltern, die ihn und seine zwei in der Fremde geborenen Kinder Elliott und Elisabeth zum Weihnachtsfest 1937 für die Dauer von zwei Wochen besuchen. Im Beisein seiner Eltern stellt der junge Tuchfabrikant, der nun in einer Autowerkstatt arbeitet, diesen die Vorzüge seines neuen Lebens vor. Er genießt die Wärme und Exotik auf dem warmen Kontinent und erfreut sich an der ungewohnten und unbekannten Natur.

2. Hauptteil
Biografie

Charakter-eigenschaften

Die Familie

Beruf

Einerseits ist Ludwig also froh darüber, mit seiner Familie nun in Freiheit und vor allem in Sicherheit leben zu können. Auf der anderen Seite springen seine Gedanken sehr oft zurück in seine alte Heimat. Die Gedanken an das alte Leben in Deutschland sind dabei vor allem von Wehmut, Sehnsucht und Melancholie geprägt. Auch wenn er Deutschland und das geliebte Haus am Märkischen Meer längst verlassen hat, bleibt die alte, nun nur noch gedanklich vorgestellte Heimat ein wichtiger Bestandteil seiner Identität: „Daheim hat er gern Klavier gespielt. Daheim war er Tuchmacher, wie sein Vater. Hier hat er eine Autowerkstatt eröffnet

Innere Einstellungen: Heimatkonzept

Verhältnis zur alten und zur neuen Heimat: Ambivalenz

und sich spezialisiert auf Kupplungen und Bremsen.“ (S. 55/S. 52) Auch die Gedanken, die um die Natur in Südafrika und in Brandenburg kreisen, geben Auskunft darüber, dass das Verhältnis Ludwigs zur alten und neuen Heimat zwiespältig und ambivalent ist: „Die Eukalyptusbäume rauschen lauter als alle anderen Bäume, die Ludwig jemals rauschen gehört hat, rauschen lauter als Buchen, Linden oder Birken, rauschen lauter als Kiefern, Eichen und Erlen.“ (S. 52/S. 49) Auch der Versuch, sich einen Teil der alten Heimat und Tradition in die neue hinüberzuretten, mutet seltsam und misslungen an: „In Südafrika verbiegen sich die Kerzen am Weihnachtsbaum.“ (S. 50/S. 46)

Sprachgebrauch und Sprachverhalten

Die Probleme, die sich aus der mobilen Heimatkonzeption des jungen Tuchfabrikanten ergeben, werden auch durch sein sprachliches Verhalten deutlich. In der Kommunikation mit seiner in Südafrika geborenen Tochter Elisabeth wird sichtbar, wie sehr die Sprache des Menschen die Heimatvorstellung bestimmt. Auf die Frage seines Kindes „Why does lametta hang on the tree […]?“ (S. 51/S. 48) antwortet der Vater mit den Worten „It is supposed to look as if der Baum in einem verschneiten Winterwald stünde […].“ (Ebd./Ebd.) Die Mischsprache aus Deutsch und Englisch zeigt, dass Ludwigs Heimatverlust nicht nur räumlich zu verstehen ist, sondern dass die Heimat auch in der verlorenen deutschen Sprache verankert ist. Das drückt den Identitätsverlust und die innere Zerrissenheit Ludwigs aus, die seine Flucht mit sich bringen. Dennoch ist der Flüchtling nicht gescheitert, und er fühlt sich nicht unglücklich in Kapstadt, wo er sich und seiner Familie ein neues Leben aufgebaut hat. Er ist dankbar für die Sicherheit der neuen Lebenssituation „am schönsten Ende der Welt“ (S. 61/S. 58) und sorgt sich zugleich um die Sicherheit seiner Eltern, die jedoch fatalerweise in ihre deutsche Heimat zurückreisen, wo sie – da jüdisch – ermordet werden.

Mischsprache aus Deutsch und Englisch

Selbsteinschätzung des neuen Lebens

Wesensmerkmal: Sorge um die Eltern

Mit der Familie des Tuchfabrikanten wird der Roman „Heimsuchung“ zum Teil der Holocaust-Literatur, die von den Schicksalen jüdischer Menschen erzählt, die in der Zeit des Nationalsozialismus zu Opfern des Systems wurden. Anders als die anderen Romanfiguren tragen Ludwig und seine Familie persönliche Eigennamen. Sie werden damit zu wertvollen Individuen und sind mehr als nur ein bloßer Typus, der eine bestimmte Heimatkonzeption vertritt, wie beispielsweise der Architekt und auch dessen Ehefrau. Doch während seine Nichte Doris mitsamt ihrer Eltern und seinen eigenen Eltern ermordet wird, gelingt dem jungen Tuchfabrikanten die Rettung. Grund dafür ist seine mobile Heimatkonzeption: Er sieht rechtzeitig, dass den Juden und Jüdinnen in Deutschland „die Heimat zur Falle“ (S. 41/S. 38) zu werden droht, und entschließt sich, ans andere Ende der Welt auszuwandern. Dort wird er – auch angesichts des furchtbaren Schicksals der anderen Familienmitglieder – nicht völlig glücklich. Aber sein radikaler Entschluss, das Haus am märkischen See zu verlassen, ermöglicht es ihm in der Folge, eine neue Identität zu entwickeln und eine neue Heimat aufzubauen. Diese „Vertreibung ins Paradies“ (S. 55/S. 52) wird ambivalent erfahren und läuft nicht ohne Schmerzen und ohne Trauer ab. Doch angesichts der Schrecken und Gefahren des drohenden Holocausts erscheint sie alternativlos.

3. Schlussteil

Individuum statt Typus

Das Mädchen

Die kurze und erschütternde Geschichte des Mädchens Doris befindet sich nicht zufällig in der Mitte des Romans „Heimsuchung“ (2008) von Jenny Erpenbeck. Das Schicksal des jungen jüdischen Mädchens, das dem nationalsozialistischen Rassenwahn und Terror zum Opfer fällt und ermordet wird, stellt die unmenschlichen Folgen des Totalverlustes von Heimat dar.

1. Einleitung

2. Hauptteil

Biografische Informationen

Bei dem Mädchen Doris handelt es sich um die 12-jährige Tochter von Elisabeth und Ernst aus der Familie des Tuchfabrikanten. Sie ist die Nichte des Tuchfabrikanten Ludwig, auf dessen Grundstück am See sie in ihrer Kindheit viele glückliche und unbeschwerte Tage verbracht hat.

Situation in der Familie

Das traurige Schicksal des Kindes steht exemplarisch für das Leben vieler jüdischer Bürgerinnen und Bürger in Deutschland in der Zeit von 1933 bis 1945, das sich von dem ihres Onkels, dem noch rechtzeitig die Ausreise ins südafrikanische Exil gelingt, unterscheidet. Als Doris' eigenen Eltern bewusst wird, dass sich die Situation der jüdischen Bevölkerung in

Folgen der NS-Diskriminierung

Deutschland in der zweiten Hälfte der 1930er-Jahre massiv verschlechtert und sie zunehmender Diskriminierung und Bedrohung ausgesetzt sind, versucht die junge, in Guben wohnende Familie, nach Brasilien auszuwandern. Doch der Plan scheitert. Nun reiht sich Schicksalsschlag an

Lebenssituation/ Lebensverhältnisse

Schicksalsschlag: Die Familie verliert ihre Wohnung in Guben und damit die geliebte Heimat. Doris' Großeltern werden abtransportiert und ihr Vater stirbt an den Folgen gnadenloser Zwangsarbeit. Gemeinsam mit ihrer Mutter wird das Mädchen ins Warschauer Getto nach Polen gebracht, wo die Nationalsozialisten Hunderttausende europäischer Juden und Jüdinnen einsperrten, um sie später in osteuropäische Konzentrations- und Vernichtungslager zu transportieren und dort zu ermorden. In ihrer Wohnung in der Nowolipiestraße in Warschau wartet das kleine Mädchen vergeblich auf die Rückkehr ihrer Mutter. Allein versteckt es sich nun in einer dunklen Kammer vor dem Zugriff der

Gedanken und Emotionen

deutschen Soldaten und vor dem sicheren Tod. In dieser hoffnungslosen und einschüchternden Situation lernen die Lesenden das junge Mädchen kennen, indem sie teilhaben dürfen an deren Gedanken und Emotionen.

Diese schwanken zwischen Gegenwart, Vergangenheit und Zukunft. Die Gegenwart ist von Angst und Verzweiflung geprägt. Eingeschlossen in totaler Dunkelheit und bewegungsunfähig wie in einem Sarg, hat das verzweifelte Mädchen kaum noch Hoffnung auf Rettung. Es hat das Gefühl, als Person nach und nach zu verschwinden: „Sie würde gern irgendeinen Beweis dafür antreten, dass sie da ist, aber es gibt keinen Beweis." (S. 79/S. 74) Doris vermisst in ihrem dunklen Versteck „einen Spalt […], durch den Licht einfällt" (ebd./ebd.). Obwohl noch ein kleines Mädchen, ist sie sich ihrer Situation bewusst. Ihr nüchterner Realismus wirkt schockierend: „Entweder verhungert sie hier in ihrem Versteck, oder sie wird gefunden und abtransportiert." (S. 82/S. 77) Gnadenlos ehrlich zu sich selbst erwartet sie, dass sie „mit zwölf Jahren stirbt" (S. 85/S. 80).

Gefahr: Identitätsverlust

Charaktereigenschaften

Doch die Hoffnungslosigkeit ihrer gegenwärtigen Situation in ihrem „Gefängnis" bekämpft das mutige Mädchen mit Erinnerungen an gute Zeiten in ihrem Leben. In ihren Gedanken träumt sie sich zurück in die glücklichen Sommer, die sie im Haus am See ihres Onkels, in der Natur und im Wasser verbracht hat: „Farbig ist nur noch das, woran sie sich erinnert." (S. 80/S. 74) Völlig allein und von ihrer Umwelt isoliert, findet sie Kraft in der Erinnerung an eine Zeit, „in der alles da war" (S. 82/S. 77). Das in seiner Bewegungslosigkeit völlig eingeschränkte und eingesperrte Kind denkt zurück an die glücklichste Zeit seines Lebens, in der es aktiv und „so wild" (S. 85/S. 80) sein konnte, spielen, im See schwimmen und segeln durfte: „Jetzt […] greift das Mädchen nach der Hand, die der Großvater ausstreckt, steigt vom Steg auf den Bootsrand hinüber, sieht, wie der Großvater den Knoten, mit dem das Boot am Steg festgemacht ist, löst und das Seil ins Boot wirft." (S. 81/S. 76) In ihren Gedanken geht das verzweifelte Mädchen auf Onkel Ludwigs Grundstück immer noch „von Baum zu Baum" (S. 87/S. 82) und versteckt sich „hinter den Büschen" (ebd./ebd.).

Realismus, Mut und Kraft aus der Erinnerung

Fähigkeit: Fantasie und Erinnerungsvermögen

Doch Doris' Erinnerungen sind nicht durchgehend positiv: Die letzten Jahre ihres Lebens, in denen sie von ihren Eltern

Einsicht in die eigene Heimatlosigkeit

getrennt und nach Berlin geschickt worden ist, nutzt sie, um rührende „Sonntagsbriefe“ (S. 86/S. 81) an die Eltern zu schreiben. Als ihr gesamter Gubener Hausrat für die dann doch nicht zustande kommende Ausreise nach Brasilien in einen Container gepackt wird, verliert sie schließlich ihre Wurzeln und damit ihre Heimat.

Als Doris in ihrem Versteck ihr menschliches Bedürfnis nicht mehr zurückhalten kann und ein Rinnsal unter der Tür sie verrät, wird sie entdeckt, abgeführt und erschossen.

Erinnerung: Kraft und Mut

Selbst dieser grauenvolle Moment kann dem Mädchen nichts anhaben, denn auch hier, am Ende ihres viel zu kurzen Lebens, schenkt ihr die Erinnerung an die schönen Zeiten in ihrem Leben Kraft und Mut: „Nichts Schöneres, als mit offenen Augen zu tauchen. Hinzutauchen bis zu den schimmernden Beinen von Mutter und Vater, die eben schwimmen waren und nun durch das flache Wasser zurück zum Ufer waten. Nichts Schöneres, als sie zu kitzeln und, durchs Wasser gedämpft, zu hören, wie sie kreischen, um ihrem Kind eine Freude zu machen.“ (S. 91/S. 87)

3. Schlussteil

Das Schicksal des Mädchens Doris stellt im Roman Jenny Erpenbecks die wohl extremste Form der Heimsuchung dar. Die Lesenden haben in diesem Kapitel teil an den intimsten Momenten höchster Todesangst eines Menschen und bleiben nach der Lektüre der Gedanken- und Gefühlswelt des Kindes fassungslos zurück.

Reales Vorbild: Doris Kaplan (1931 – 1942)

Die literarische Figur des Mädchens Doris ist dabei der realen Person Doris Kaplan nachempfunden, der die Dichterin Jenny Erpenbeck das gesamte Buch gewidmet hat.

Besonderheit

Dadurch, dass die Lesenden wissen, dass Doris’ Schicksal im Gegensatz zu den der anderen Romanfiguren nicht nur fiktiv, also ausgedacht ist, erhält das Kapitel seine besondere Bedeutung.

Funktion: Protest gegen Inhumanität

Dies wird durch die Tatsache, dass die Figur einen persönlichen Eigennamen trägt, unterstützt. Die Darstellung des Lebens und Sterbens von Doris Kaplan kann als eine besondere Form des literarischen Protests und der Erinnerung an den beispiellosen Völkermord der Nationalsozialisten an den europäischen Juden und Jüdinnen gedeutet werden.

Die Schriftstellerin

Die Figur der Schriftstellerin in Jenny Erpenbecks Roman „Heimsuchung“ (2008) bleibt im gesamten Kapitel über namenlos. Die ältere Frau lebt etwa 20 Jahre nach dem Ende des Zweiten Weltkrieges in dem Haus am märkischen See, das ihr nach der Rückkehr aus dem sowjetischen Exil von der neuen Staatsführung der DDR aus Dankbarkeit zugewiesen worden ist, aber nicht gehört, sondern „Volkseigentum“ (S. 122/S. 118) bleibt. In dem gepachteten Haus wohnt die Schriftstellerin gemeinsam mit ihrem Ehemann, ihrem Sohn, ihrer Schwiegertochter und dem Enkelkind. In dem ihr gewidmeten Kapitel findet eine intensive gedankliche Auseinandersetzung der Schriftstellerin mit ihrer Vergangenheit, ihrer jetzigen Aufgabe als Dichterin in einem Land mit verbrecherischer Vergangenheit sowie ihrem Kampf um Heimat im Land der Täter statt. 1. Einleitung

Bei der Schriftstellerin handelt es sich um eine jüdische Kommunistin, die sich zu Beginn der NS-Diktatur (1933–1945) am antifaschistischen Widerstand beteiligen wollte. Als erklärte Gegnerin der deutschen Diktatur muss sie unter der Herrschaft Adolf Hitlers aufgrund ihrer Religionszugehörigkeit und ihres politischen Engagements um ihr Leben fürchten. Daher flieht sie aus ihrer Heimat in das sowjetische Exil und verbringt dort die Kriegsjahre. In der Fremde versucht sie bereits mit den ihr eigenen Mitteln der Dichtung und der Sprache, den Faschismus zu bekämpfen. Nach der Niederlage Nazi-Deutschlands kehrt sie zurück in ihre alte, ihr nun fremd gewordene Heimat. Wie viele idealistische Exilanten und Exilantinnen glaubt sie anfangs daran, dass in der deutschen Teilung in zwei Staaten eine Chance liegt: Bewusst wählt sie ein Leben in der sozialisti- 2. Hauptteil Biografische Informationen Idealismus Hoffnungen und Träume schen DDR und hofft, in dem neuen deutschen Staat eine gerechtere und vor allem menschlichere Gesellschaftsordnung vorzufinden. Allerdings weiß sie, dass es hierfür notwendig ist, das Denken der Menschen zu verändern, die noch vor wenigen Jahren den Faschismus Hitlers bedingungslos unterstützt und für wahr gehalten haben. Daran möchte sie sich mithilfe ihrer Dichtkunst beteiligen.

Berufsethos

Eine besondere Bedeutung hat in diesem Zusammenhang das Werkzeug, dessen sich die Schriftstellerin bedient: ihre Schreibmaschine, an der sie sich gerade in Krisenzeiten „festgehalten“ (S. 114/S. 109) und so Halt gefunden hat. Die Schreibmaschine bezeichnet sie als ihre „Wand“ (ebd./ebd.), mit deren Hilfe sie „die deutschen Barbaren zurückverwandeln“ (ebd./ebd.) will „in Menschen“ (ebd./ebd.). Dafür schreibt sie ein neues Buch, in dem sie über ihre eigene Vergangenheit berichten möchte. Es ist also die Sprache selbst, die „Hoffnung auf Erlösung der Menschheit von Habgier und Neid“ (S. 121/S. 117) am Leben hält und wesentlicher Bestandteil ihrer Identität ist. In der Sprache ist sie zu Hause, heimisch.

Werkzeug: Schreibmaschine

Sprachgebrauch und Sprachverhalten

Die Lebenswirklichkeit in der DDR steht jedoch in deutlichem Gegensatz zu dem idealistischen Anspruch der Schriftstellerin. Denn sie macht die Erfahrung, dass manche Menschen von der neuen Staatsführung bevorzugt werden. Von der erhofften Gleichbehandlung aller Bürgerinnen und Bürger kann keine Rede sein. Das erfährt sie am eigenen Leib: Ein junger Berliner Arzt hat offenbar Freunde „an höherer Stelle“ (S. 113/S. 108), und diese ermöglichen ihm, auf dem Nachbargrundstück „an Stelle des Bienenhauses ein großes Wohnhaus“ (ebd./ebd.) zu errichten und es sogar käuflich zu erwerben. Über diese ungerechte Bevorzugung ist die Schriftstellerin erbost. Ihre „Wut […] verwandelt sich in Erschöpfung“ (S. 112/S. 107) und Enttäuschung, weil die Idealistin merkt, dass ihr Traum und Anspruch von einer gerechteren Welt in der totalitären DDR

Ernüchternde Erfahrungen in der DDR

Emotionen: Wut und Enttäuschung

Heimatlosigkeit

eine unrealistische Utopie bleibt und sie dort nicht vollends heimisch wird. Die „Hoffnung auf Erlösung von Habgier und Neid“ (S. 121/S. 117) erstickt im bürokratischen Alltag der DDR-Diktatur. Darauf reagiert sie in einem Brief an die Gemeindeverwaltung mit bitterbösem Sarkasmus (vgl. S. 123/S. 118).

Verhältnis zu anderen Menschen

Auch mit den „ganz gewöhnlichen Deutschen“[1], zu denen sie zurückgekehrt ist, hat sie Probleme. Es fällt ihr schwer, deren verbrecherische Vergangenheit zu vergessen und einfach neu zu beginnen. Man erkennt diese Kommunikationsprobleme daran, dass sie sich anfangs weigert, Menschen, die sie nicht kennt, die „Hand zu geben“ (S. 119/S. 114). Sie bemerkt, dass ihr „die Worte“ (ebd./ebd.) fehlen, um angemessen über die Schuld in der Vergangenheit zu sprechen. Auch hier klaffen Anspruch und Wirklichkeit also auseinander, und sie fühlt sich fremd im eigenen Land.

Fühlt sich fremd im eigenen Land

Selbstverständnis

Ihr aktives und selbstbewusst formuliertes Verständnis als Schriftstellerin wird auch dadurch getrübt, dass sie sich selbst Vorwürfe macht und von Schuldgefühlen geplagt wird. So hat sie im Exil einer deutschen Genossin die angefragte Hilfe „um ein Versteck“ (S. 117/S. 112) versagt und sich einer politischen Forderung verweigert, die anderen den Tod eingebracht hat, während sie davongekommen ist (vgl. S. 118/S. 113). Es ist ihr schlechtes Gewissen und das Eingeständnis eigener Schuld, das sie nicht zur Ruhe kommen und mit sich in Einklang leben lässt.

3. Schlussteil

Kein dauerhaftes Glück

Wie den meisten Figuren des Romans gelingt es auch der Schriftstellerin nicht, dauerhaft glücklich und im Haus am See sesshaft und heimisch zu werden. Das liegt vor allem daran, dass ihr bewusst wird, dass die Utopie einer menschlichen sozialistischen Gesellschaft in der Wirklichkeit der

[1] Daniel J. Goldhagen: Hitlers willige Vollstrecker: Ganz gewöhnliche Deutsche und der Holocaust, Pantheon, München 2012

DDR nicht durchsetzbar ist und die Spuren der verbrecherischen deutschen Vergangenheit ebenso wenig bewältigt sind wie ihre eigene Auseinandersetzung mit persönlicher Verantwortung und Schuld.

Die unberechtigte Eigenbesitzerin

1. Einleitung

Der unberechtigten Eigenbesitzerin, die wie die meisten Figuren des Romans keinen Eigennamen trägt, kommt in „Heimsuchung“ von Jenny Erpenbeck (2008) eine besondere Rolle zu, denn sie steht am Ende des Romans und beschließt diesen. Sie ist die letzte Person, die in dem Haus am Märkischen Meer lebt, bevor dieses nach der deutschen Einheit 1989/90 abgerissen wird.

2. Hauptteil Biografische Informationen

Die Frau gehört zur Familie der Schriftstellerin, die das Haus des 1951 in den Westen geflohenen Architekten zu DDR-Zeiten bewohnen darf. Sie ist die Enkeltochter der Schriftstellerin. In ihrer Kindheit hat sie viele schöne Tage (vgl. S. 183/S. 177) in dem Haus ihrer Großeltern verbringen dürfen, zum Beispiel als Spielkameradin des Kinderfreundes, dem ebenfalls ein eigenes Romankapitel gewidmet ist.

Enteignung

Das Kernproblem der unberechtigten Eigenbesitzerin besteht darin, dass die westdeutschen Erben des Architekten nach der Wende vor Gericht die Rückübertragung des ihnen ihrer Meinung nach zustehenden Hauses und Grundstücks, für sie ein „Garten Eden“ (S. 173/S. 167), beantragt haben. Diesem Antrag ist das Gericht gefolgt, was zur Folge hat, dass die verzweifelte Frau nun das Haus ihrer Kindheit, an das sehr viele positive Kindheitserinnerungen geknüpft sind, aufgeben muss. Zwar hat sie versucht, das Haus ihrer Familie selbst zu erwerben, doch sie hat die hohen Kosten für den Erwerb des Hauses nicht aufbringen können. In Erwartung des Gerichtsurteils hat sie das Haus ihrer Kindheit, dessen Eigentümerin sie damit nicht mehr ist, ausgeräumt.

Aus diesem Grund fühlt die unberechtigte Eigenbesitzerin große Trauer und eine große Leere in sich. Um sich das Abschiednehmen selbst zu erleichtern, entscheidet sie sich in einem nostalgischen Akt, heimlich einige Tage in dem verstaubten und schmutzigen Haus zu verbringen und es aufzuräumen. Von der Reinigung des Hauses mit „Besen, Schaufel, Handfeger und Lappen“ (S. 177/S. 171) erhofft sie sich, endlich emotional von ihrer alten Heimat loszukommen und ein neues Leben beginnen zu können. Mit dem Marderkot, dem Staub und Dreck, den sie konzentriert und gründlich ausfegt, scheint sie zugleich auch ihre Kindheitserinnerungen aus dem Haus zu kehren, was ihr nicht gut gelingt. Selbst der Schrankgeruch „nach Pfefferminz und Kampfer“ (ebd./ebd.) ruft die sie quälenden schönen Erinnerungen in ihr herauf.

Emotionen und innere Einstellungen

Mit ihrem Ehemann führt die Frau einige hitzige Debatten über die Bedeutung des Hauses für ihre eigene Identität. Ihr Mann kann ihre Trauer nicht nachvollziehen und fordert sie auf, mit der Vergangenheit abzuschließen: „Du hast deine Zeit dort gehabt.“ (S. 183/S. 177) Doch dieser naive Ratschlag kann die innere Unruhe der Frau nicht lindern, denn sie fühlt weiterhin, dass sich das Haus ihrer Kindheit als „schönes Gefängnis“ erweist, „das sie für immer einschließen würde“ (ebd./ebd.).

Identität

An diesem Ambivalenz ausdrückenden Oxymoron des schönen Gefängnisses wird deutlich, dass der unberechtigten Eigenbesitzerin die Beruhigung und Befriedung ihres inneren Konflikts nicht gelingt. Sie fühlt mit dem Abschied von dem Haus ihrer glücklichen Kindheit die eigene Heimatlosigkeit und merkt, dass ihr damit ein Teil ihrer Identität verlorengegangen ist. Zu sehr ist ihre eigene Identität mit den Erfahrungen der Kindheit verknüpft, als dass sie mit dem Verlust des Hauses damit abschließen könnte. Die emotionale Bindung an den paradiesischen Ort lässt es nicht zu, dass sie sich unvoreingenommen ihrer neuen Le-

Innerer Konflikt: Heimatlosigkeit und Identitätsverlust

benssituation stellen und ein neues Leben in der Zukunft in Angriff nehmen könnte. Anders als etwa die Figur die Besucherin, die eine mobile Heimatvorstellung repräsentiert, kann sich die unberechtigte Eigenbesitzerin dem Zwang der äußeren Faktoren der politischen Wiedervereinigung nicht anpassen. Mit dem Verlust des Hauses hat sie das Gefühl, zu einer Heimatvertriebenen zu werden. Statt nach vorne zu schauen und die neue Freiheit zu genießen und vor allem persönlich auszugestalten, wie ihr Mann es ihr empfiehlt, sieht sie sich in ihrer Identität gefährdet.

3. Schlussteil

Heimatvertriebene

Herausforderung: Umgang mit Freiheit und Mobilität

Die unberechtigte Eigenbesitzerin ist eine wichtige Figur, die man als Heimatvertriebene kennzeichnen kann. Darin gleicht sie zum Beispiel dem Tuchfabrikanten. Äußere Faktoren, in ihrem Fall der Mauerfall, die Wende und die deutsche Einheit, zwingen sie dazu, ihre bequeme Sesshaftigkeit aufzugeben. Anders als die Unterpächter kann sie mit der neuen Freiheit und Mobilität nicht viel anfangen. Zu sehr hängen ihr Herz und damit ihre Identität noch an dem Haus und den damit verbundenen Kindheitserinnerungen. Sie empfindet den Verlust des Hauses ihrer Kindheit als Verletzung ihrer Identität und kann für sich die zukunftsorientierte Frage, wo sie nun hingehört und was sie mit ihrem Leben anfangen soll, nicht beantworten. Das macht die letzte Romanfigur zu einem unglücklichen und unfertigen Menschen.

Der Gärtner

1. Einleitung

Konstante

Der Gärtner ist eine Ausnahmefigur im Roman „Heimsuchung“ (2008) von Jenny Erpenbeck. Anders als allen weiteren elf Figuren des Romans ist ihm mehr als nur ein Großkapitel gewidmet. Seine Figur taucht immer nur sehr kurz nach jedem dieser Großkapitel auf, indem detailliert beschrieben wird, welchen Arbeiten der Gärtner nachgeht. Während die anderen Romanfiguren das Haus am See und das Seegrundstück verlassen und dort nicht dauerhaft sesshaft werden, bleibt der Gärtner fast über ein gesamtes Jahrhundert eine anwesende Konstante.

Über die genaue Herkunft des Gärtners ist nichts bekannt: „Woher er gekommen ist, weiß im Dorf niemand. Vielleicht war er schon immer da." (S. 13/S. 11) Wie viele weitere Romanfiguren auch trägt er „keinen Namen" (ebd./ebd.) und wohnt allein in einer verlassenen Jagdhütte am Rande des Waldes. Auch durch seine Besitzlosigkeit wird seine Sonderstellung deutlich, denn „ihm gehört kein Grund- und auch kein Waldgrundstück" (ebd./ebd.). Der Gärtner ist sozial nicht integriert und ein Außenseiter in der Dorfgemeinschaft. Er wird dennoch geschätzt und auch mit Arbeiten beauftragt, weil „jeder im Dorf weiß, dass die Bäume, die von ihm umgepfropft werden, beim weiteren Wachsen die regelmäßigsten Kronen zeigen" (ebd./ebd.). Seine berufliche Exzellenz und Kompetenz machen ihn für die jeweiligen Eigentümer und Eigentümerinnen des Hauses und Seegrundstücks zu einem wichtigen Partner, die dessen „ungewöhnliches Geschick" (S. 27/S. 25) beim Anlegen des Gartens und der Pflege schätzen. Unermüdlich arbeitet er im Rhythmus der Jahreszeiten in, an und mit der Natur, beschneidet Büsche, jätet Unkraut, gießt Rosen und mäht das Gras (vgl. S. 32/S. 30). Das Ziel seiner Arbeit ist also das Bewahren und Kultivieren der Natur, in der allein er sich wohlfühlt. Vor allem seine Nähe zum Bienenhaus, Symbol der perfekt harmonierenden Gesellschaft, macht dies deutlich.

2. Hauptteil

Biografie

Tätigkeiten: Exzellenz und Kompetenz beim Gärtnern

Das Bewahren und Kultivieren der Natur

Das bedeutet jedoch nicht, dass es zwischen den Bewohnerinnen und Bewohnern des Hauses und dem Gärtner zu echter Kommunikation kommt, denn dieser „spricht wenig und zu den Ereignissen im Dorf äußert er sich überhaupt nie" (S. 27/S. 25). Zwar befolgt der Gärtner fleißig und kompetent die Anweisungen des Architekten, zu echtem gegenseitigem Austausch während der Zusammenarbeit kommt

Schweigsamkeit

es jedoch nicht. Einige Dörfler meinen beobachtet zu haben, dass der Gärtner, „während er harkte, grub, jätete oder Pflanzen beschnitt" (S. 28/S. 26), stumm seine Lippen bewegte. Da er „lieber mit dem Grünzeug" (ebd./ebd.) als mit Menschen plaudert und niemanden „in seine Hütte lässt" (ebd./ebd.), halten sich die meisten Menschen vom Gärtner fern und akzeptieren seinen Wunsch nach Abstand zur Gesellschaft und nach einem Schutzraum in der Natur.

Verhältnis zu den Mitmenschen

Während die Bewohner und Bewohnerinnen des Hauses am See im Verlauf des 20. Jahrhunderts kommen und gehen, ist der Gärtner immer da. Er scheint weder zu altern noch sich von den politischen Heimsuchungen, deren Opfer die Bewohnerinnen und Bewohner des Hauses werden, beeinflussen zu lassen. Vor der Bedrohung der anrückenden Kartoffelkäfer, die sein Gartenparadies in Gefahr bringen, scheint er sich mehr zu fürchten als vor der anrückenden russischen Armee (vgl. S. 93/S. 88). So wirkt er lange Zeit eher wie eine mythologische, außerhalb der Geschichte und der Zeit stehende Außenseiterfigur, bis er eines Tages bei der Kirschernte von der Leiter stürzt und sich ein Bein bricht (vgl. S. 124/S. 119). Nun kann der Gärtner seine die Natur schützende Arbeit nicht mehr verrichten. Er vernachlässigt sich körperlich, indem er sich „weigert, seine Fußnägel zu kürzen" (S. 140/S. 137) und nun als seltsam hinkende, nur noch „Schnee" (S. 170/S. 164) essende Teufelsgestalt auffällt. Am Ende verschwindet er urplötzlich von der Bildfläche. Niemand im Dorf weiß, wohin er gegangen ist. Wie bei seinem Auftauchen ist also auch sein Verschwinden voller Geheimnisse und Unklarheiten. Wie eine enttäuschte Gottesfigur scheint er sich zurückgezogen und die Welt den Menschen überlassen zu haben.

Resistenz gegenüber den Heimsuchungen

Entwicklung der Figur

3. Schlussteil

Der Gärtner tritt insgesamt als eine von Ort und Zeit ungebundene Figur auf, der es auf vorbildhafte Art und Weise gelingt, ein Leben im Einklang und in Harmonie mit der Natur zu realisieren. Während alle anderen Figuren letztlich

Einzige glückliche Figur

vergeblich nach Heimat und Glück suchen, ist er bereits in der Natur zu Hause. Die Natur ist seine dauerhafte Heimat. Er lässt sich daher als die einzige glückliche Figur des Romans kennzeichnen. In der mythologisch-geheimnisvollen, an Motive der Romantik erinnernden Figur des Gärtners drückt die Dichterin Jenny Erpenbeck die menschliche Sehnsucht nach der Harmonie des von der Gesellschaft und sich selbst entfremdeten Menschen mit der echten unberührten und Glück versprechenden Natur aus. Zugleich beinhaltet die Figur des Gärtners auch eine deutliche Kritik am hektischen Leben des Menschen in der modernen Gesellschaft, die kein Glück und keine stabile Identität garantieren kann. Das erfahren alle anderen Romanfiguren am eigenen Leib, nur der Gärtner nicht.

Kritik am modernen Leben

Der Blick auf den Text: Die Interpretation eines Erzähltextes

Einen Romanauszug interpretieren – Tipps und Techniken

Bevor Sie im Rahmen einer Textinterpretation (Beschreibung, Analyse und Deutung eines Textes) mit dem Schreiben beginnen, empfehlen sich die nachfolgend aufgeführten Vorarbeiten. Für die Interpretation eines Textauszugs stehen grundsätzlich zwei verschiedene Methoden zur Auswahl: die lineare sowie die aspektgeleitete Interpretation.

In der **linearen Interpretation** werden die einzelnen Abschnitte systematisch beschrieben, analysiert und gedeutet, d. h. ihrer Reihenfolge nach. Dies führt in der Regel zu genauen und detaillierten Ergebnissen. Allerdings besteht die Gefahr, dass zu kleinschrittig gearbeitet wird und die übergeordneten Deutungsaspekte des Auszugs aus dem Blick geraten.

In der **aspektgeleiteten Interpretation** werden diese Deutungsschwerpunkte von vornherein festgelegt. Daraus ergibt sich in der Regel eine problemorientierte und zielgerichtete Vorgehensweise. Dabei werden die Deutungsaspekte, die nicht im Fokus des Interesses stehen, vernachlässigt. Häufig ist dies bei Aufgaben der Fall, bei denen Sie zwei Texte miteinander vergleichen müssen.

Möglich sind auch Mischformen beider Interpretations- und Analyseformen, indem z. B. inhaltlich streng linear vorgegangen wird, danach aber besonders relevante Aspekte wie z. B. die auffällige Erzähltechnik intensiver behandelt werden.
In beiden Fällen ist es im Rahmen Ihrer Textinterpretation hilfreich, folgende Fragen für sich zu beantworten:

- Wo liegt der Konflikt, das Problem?
- Wie verläuft die Handlung, wie ist der Text aufgebaut? Gibt es eine Entwicklung, einen Spannungsbogen? Kann man zwischen einer Haupt- und einer Nebenhandlung unterscheiden?
- Wodurch zeichnet sich der Charakter der Figuren aus?
- Welche Beziehung besteht zwischen den Figuren?
- Welche Atmosphäre herrscht vor? Wo spielt die Handlung? Kommt dem Handlungsort evtl. symbolische Bedeutung zu?
- Gibt es Auffälligkeiten in Syntax (Satzbau) und Wortwahl? Kommen rhetorische Mittel oder bildhafte Ausdrücke, wie z. B. Metaphern oder Alliterationen, zum Einsatz? Welche Wirkung wird dadurch erzielt? Ist der Stil des Textes eher gehoben oder alltagssprachlich?
- Welche Erzählperspektiven kommen vor (Innen- und Außensicht)? Welchen Erzählstandort nimmt der Erzähler ein (Distanz oder Nähe)? Welches Erzählverhalten (personal, neutral, auktorial) liegt vor? Welche Erzählform hat der Autor/die Autorin gewählt (Ich-Erzählung, Er-Sie-Erzählung)? Welche besonderen Formen der Redewiedergabe fallen auf (Erzählerbericht, erlebte Rede, direkte oder indirekte Rede, innerer Monolog, Bewusstseinsstrom)?
- Welche Bedeutung hat der Titel? In welchem Zusammenhang stehen Titel und Erzähltes?

Aufbauschema:

1. **Einleitung:**
   Themensatz: Autor/Autorin, Titel, Textsorte, Erscheinungsjahr, Inhalt/Thema

2. **Einordnung des Textauszugs in den Roman:**
   Was geschieht vorher, was danach?

lineare Interpretation

3. **Inhaltlicher Aufbau:**
   Auflistung der Textabschnitte, Textgliederung

4. **Beschreibung und Deutung der unter Punkt 3 angegebenen Textabschnitte:**
   - Aussagen zum Inhalt des Abschnitts
   - Aussagen zur Deutung, Einbettung in den Zusammenhang des Romans
   - Einbezug der sprachlichen und erzählerischen Gestaltung
   - Überleitung zum nächsten Textabschnitt

aspektgeleitete Interpretation

3. **Untersuchungsschwerpunkte:**
   Auflistung der ausgewählten Untersuchungsaspekte

4. **Beschreibung und Deutung der unter Punkt 3 angegebenen Aspekte:**
   - Benennen des jeweiligen Aspekts
   - Aussagen zur Deutung, Einbettung in den Zusammenhang des Romans
   - Einbezug der sprachlichen und erzählerischen Gestaltung

5. **Schluss:**
   - Zusammenfassung der Ergebnisse
   - Einordnung in einen größeren Zusammenhang
   - Bewertung, ggf. Aktualisierung

Beispielinterpretation I: Kapitel „Die Frau des Architekten (S. 64 – S. 66, Z. 10/S. 60 – S. 62, Z. 6, linear)

Aufgabe: Interpretieren Sie den Anfang des Kapitels „Die Frau des Architekten" aus dem Roman „Heimsuchung" von Jenny Erpenbeck (S. 64 – S. 66, Z. 10/ S. 60 – S. 62, Z. 6).

1. Einleitung

Der zu interpretierende Textauszug ist der Beginn des Kapitels „Die Frau des Architekten" aus dem Roman „Heimsuchung" von Jenny Erpenbeck, erschienen 2008. Der Roman thematisiert die meist vergebliche Suche nach Heimat und Identität unterschiedlicher Bewohnerinnen und Bewohner eines Hauses an einem märkischen See in der Nähe Berlins im Verlauf des 20. Jahrhunderts.

2. Einordnung des Textauszugs in den Roman

Im vorliegenden Kapitel reflektiert die alt gewordene Frau des Architekten, der ebenfalls eine wichtige Romanfigur darstellt, selbstkritisch den Verlauf ihres Lebens.

3. Inhaltlicher Aufbau

Der zu interpretierende Textauszug steht am Beginn des Kapitels „Die Frau des Architekten". Er besteht aus zwei Sinnabschnitten. Im ersten Sinnabschnitt (S. 64 – S. 65, Z. 12/ S. 60 – S. 61, Z. 7) wird erzählt, wie sich die Frau des Architekten in ihrem Haus am See befindet und eine Party gibt. Ihre Gäste unterhält sie, indem sie einen Witz erzählt, über den sie selbst lachen muss. Ihr eigenes Lachen führt dazu, dass die Frau über ihre Kindheit nachdenkt, in der sie überaus aktiv, bewegungsfreudig und kreativ war. Ihre daraus resultierenden, eher kindlich anmutenden hochtrabenden Lebensträume erfüllen sich jedoch nicht, da ihr Vater dafür sorgt, dass sie den traditionellen, „typisch weiblichen" Beruf einer Stenotypistin erlernt. Dennoch genießt sie in der Gemeinschaft mit ihren Gästen den Blick auf den See.
Im zweiten Sinnabschnitt (S. 65, Z. 13 – S. 66, Z. 10/S. 61, Z. 8 – S. 62, Z. 6) erfahren die Lesenden, wie sich die Gedan-

ken der Frau nicht mehr um ihre Kindheitsträume, sondern um die Ehe mit ihrem Mann, dem Architekten, drehen. Diesen lernt sie kennen, als er noch mit einer anderen Frau verheiratet ist. Es dauert lange, bis die Scheidung ihres Mannes vollzogen ist und sie mit ihm gemeinsam im neu erbauten Haus am See leben kann. Unter dieser Wartezeit leidet sie emotional. Die Frau des Architekten ist von sich selbst überrascht, da sie sich in der Folge damit zufrieden gibt, in diesem neuen Haus am See auf ihren in Berlin arbeitenden Mann zu warten und ihm eine gute Ehefrau zu sein, die dessen Gäste unterhält und bewirtet.

4. Beschreibung und Deutung Erzähltechnik: Erzählform

Mit Blick auf die Erzählform handelt es sich im vorliegenden Textauszug um eine Er-/Sie-Erzählung: „Sie muss selbst noch einmal lachen, obwohl sie den Witz schon oft erzählt hat […]." (S. 64/S. 60) Dennoch sind die Lesenden ganz nah an der Figur. Das liegt auch am personalen Erzählverhalten: Es gibt keine die Äußerungen und Gedanken der Frau des Architekten objektiv korrigierende Instanz, sondern die Erzählinstanz beschränkt sich allein auf die Einschätzungen und Sichtweisen der Frau des Architekten, die manchmal übertrieben wirken; und die Erzählinstanz tritt hinter die Figur zurück, wie die folgende Ellipse deutlich macht: „Sie dagegen immer und ewig auf Tournee." (Ebd./Ebd.) Nur an zwei kurzen Stellen – zu Beginn und am Ende des Textauszugs – liegt mit der wörtlichen Rede ein neutrales Erzählverhalten vor. Verstärkt wird dieser subjektive Leseeindruck durch die gewählte Erzählperspektive, die überwiegend die Innensicht, also die Gedanken und Gefühle der Frau, in den Blick nimmt: „Gern würde sie bis in alle Ewigkeit einfach so sitzen." (S. 65/S. 61)

Erzählverhalten

Erzählperspektive

Besonderheit des Erzähleinstiegs

Das Kapitel beginnt, indem die Lesenden unmittelbar in das Geschehen hineingezogen werden: „Kennst du den? Also." (S. 64/S. 60) Es gibt keine ausführliche und epische Einführung, sondern das den ersten Sinnabschnitt prägende Motiv wird sofort eingeführt, das Lachen. Die Frau des

Motiv des Lachens

Architekten erinnert sich daran, dass sie in ihrer Kindheit ein überaus lebenslustiger Mensch gewesen ist, der seine Mitmenschen gerne und häufig zum Lachen gebracht hat: „Auch ihre großen Schwestern […] lachten, wenn sie schielte und Grimassen schnitt […].“ (Ebd./Ebd.) Der Großteil des ersten Sinnabschnitts wird von dieser kindlichen Charaktereigenschaft dominiert, um zu verdeutlichen, wie viel Lebensmut, Abenteuerlust und Bewegungsdrang in dem Kind gesteckt hat. Ihr kindlich-kreativer Berufswunsch verdeutlicht dies symbolisch: „Seiltänzerin wollte sie werden oder Dompteurin […].“ (Ebd./Ebd.) Auch der Wunsch, „auf dem Hochseil zu balancieren oder Löwen zu zähmen“ (ebd./ebd.), verstärkt den Eindruck von einem risikobereiten und mutigen Kind voller Lebensträume und Erwartungen, was auch durch die folgende Ellipse deutlich wird: „Sie dagegen immer und ewig auf Tournee.“ (Ebd./Ebd.) Man kann also von einer glücklichen Kindheit sprechen.

Charaktereigenschaften

Doch dieser Eindruck erfährt einen harten Bruch, als der Vater des Kindes, von Beruf ein wohlhabender Großkonsul, seine heranwachsende Tochter rüde aus ihren Kindheitsträumen reißt und dafür sorgt, dass sein Kind eine „Ausbildung zur Stenotypistin“ (ebd./ebd.) aufnimmt. Eine Stenotypistin hatte zur damaligen Zeit die Hilfsaufgabe, das ihr von einem Chef Diktierte mit einer Schreibmaschine aufzuschreiben. An dieser ernüchternden Berufswahl kann man erkennen, in welchem Kontrast das spätere bürgerliche Leben der Frau des Architekten zu ihren anfänglichen Träumen als Kind steht: Zu Beginn träumt sie von einem aktiven und ungewöhnlichen Leben, in dem sie „immer nur lachen und reisen“ (ebd./ebd.; Hervorhebungen T. S.) würde. Doch diese Bewegungsverben finden sich am Ende des ersten Sinnabschnittes nicht mehr. Sie werden von statischen Verben der Bewegungslosigkeit abgelöst: „Jetzt saß sie mit ihrem Mann und ein paar Freunden draußen auf der Terrasse […]. Gern würde sie bis in alle Ewigkeit einfach so sitzen.“

Bruch im Erzählen

Bewegungsverben

Statische Verben: Bewegungslosigkeit

(S. 65/S. 60; Hervorhebungen T. S.) Die Neigung zur Bewegung, die sie als Kind verspürt hat, wird also im Laufe ihres Lebens von bürgerlicher Sesshaftigkeit und Ruhe abgelöst.

Überleitung

Während es im ersten Sinnabschnitt um die Kindheitsträume und -erfahrungen der Frau des Architekten geht, nimmt der zweite ihre Erinnerungen an den Beginn und Verlauf ihrer Ehe in den Blick.

Entwicklung zu Passivität und Ergebenheit

Hier setzt sich die Entwicklung zu Passivität und Ergebenheit fort: „Bevor sie ihren Mann kennenlernte, […] hätte sie niemals geglaubt, dass eines der größten Abenteuer darin bestehen könnte, geheiratet zu werden.“ (Ebd./S. 61)

Abnahme des Glücks

Dass diese Veränderung auch zu einer Abnahme des Glücks führt, macht ein Blick auf ein neues Wortfeld deutlich:

Neues Wortfeld: das Weinen

Während im ersten Sinnabschnitt das Wortfeld des Lachens dominiert, hält nun „das Weinen“ (ebd./ebd.) Einzug. Eine Personifikation zeigt, wie die junge Frau, die auf ihre große, aber noch verheiratete Liebe wartet, die Kontrolle und Macht über ihr Leben verliert: „Zum ersten Mal in ihrem Leben borgte sich das Weinen mehrere Abende hintereinander ihren Körper.“ (Ebd./Ebd.)

Zweiteilung

Dieser Gegensatz von Lachen und Weinen, die Zweiteilung von Glück in der Kindheit und Unglück als Erwachsene stellt den inhaltlichen Kern beider Sinnabschnitte dar. Aus einer aktiven und selbstbewussten Gestalterin des eigenen Lebens in der Kindheit wird eine Frau, deren Leben darin besteht, passiv auf die Ankunft ihres geliebten Mannes zu warten und für ihn ein gemeinsames Leben zu organisieren. Von dieser Veränderung ist die Frau des Architekten selbst überrascht. Sie scheint ihre Ruhe in der neuen Heimat gefunden zu haben und dort sesshaft zu werden (vgl. S. 66/S. 62).

5. Schluss

Der Anfang dieses Kapitels macht expositorisch deutlich, dass es sich bei der Frau des Architekten um einen Menschen handelt, dessen frühe Träume sich im weiteren Leben in Luft aufgelöst haben.

Lebenslüge: Leben einer Scheinidentität

Die Frau reflektiert im Rückblick als älterer Mensch ihre innersten Wünsche, die ihre Identität ausmachen, und sie stellt fest, dass sie diese unterdrückt hat. Sie lebt daher eher eine Scheinidentität, indem sie sich an die Vorstellungen ihres Mannes und an die neue Heimat anpasst. Für ihren Ehemann unterdrückt sie ihr eigenes Selbst und verzichtet darauf, sich aktiv die gewünschte Heimat und das ideale Leben auszugestalten. Statt die eigenen Träume zu verwirklichen, spielt sie die ihr vorgegebene Rolle als gute Gastgeberin. Die angeblichen Freunde sind dabei bloß Publikum, das nicht wahrnimmt, dass die Frau ihre Emotionen unterdrückt und eigentlich andere Wünsche hat. Wie im allerersten Romankapitel vom Großbauern und seinen vier Töchtern beinhaltet dieser Abschnitt also eine feministische Perspektive: Die Frau des Architekten unterwirft sich einer männerdominierten, patriarchalischen Weltordnung, indem sie die Ausbildung zur Stenotypistin akzeptiert, weil ihr Vater das befürwortet, sie sich im Haus am See auf Wunsch ihres Mannes einrichtet und ihm zuliebe auch auf eigene Kinder verzichtet. Insbesondere diese Fehlentscheidung, die zu ihrer Lebenslüge wird, wird ihr allerdings erst im Aufeinandertreffen mit dem Rotarmisten bewusst, dem ein späteres Kapitel gewidmet ist.

Feministische Perspektive

Textauszüge vergleichen – Tipps und Techniken

Neben der klassischen linearen Textinterpretation, deren Vorgehensweise und mögliche Ausgestaltung Sie im vorigen Abschnitt kennengelernt haben, wird im Unterricht der gymnasialen Oberstufe häufig auch ein Textvergleich eingefordert. Zumeist werden dabei zwei kleinere Textauszüge angeboten, die inhaltlich und/oder formal miteinander zu vergleichen sind. Je nach Aufgabenstellung erhalten Sie entweder konkrete Hinweise, auf welche Vergleichsaspekte man besonders achten soll, oder die Aufgabenstellung ist offen formuliert, sodass es die Aufgabe des Interpreten bzw. der Interpretin ist, diese notwendigen Vergleichsaspekte zu erarbeiten. Der in der Oberstufe und im Abitur häufig anzutreffende Aufgabentyp, der den Vergleich ohne genaue Hinweise auf Vergleichsaspekte einfordert, ähnelt der Aufgabe der **aspektgeleiteten Textinterpretation**. Das ist deshalb von Bedeutung, weil es für den Interpreten oder die Interpretin schon allein aus Zeitgründen unmöglich ist, auf sämtliche Details einzugehen. Dies ist auch zumeist nicht sinnvoll, da nicht allen die gleiche Bedeutung zukommt. Bei den Vorarbeiten kommt es also darauf an, die wesentlichen formalen wie inhaltlichen Aspekte und Kriterien zu identifizieren, bei denen sich ein Vergleich lohnt beziehungsweise die durch die Aufgabenstellung eingefordert werden.

Arbeitsschritte und Vorarbeiten

Vor dem Verfassen des Textvergleichs sind folgende Arbeitsschritte empfehlenswert:

1. erstes Lesen beider Texte, erste Leseeindrücke notieren.
2. erneutes, zweites und gründlicheres Lesen, dabei Texte mit Markierungen, Unterstreichungen und Randbemerkungen versehen.
3. Reflexion: Beim Betrachten Ihrer Markierungen, die sich sowohl auf inhaltliche als auch auf formale Besonderheiten beziehen können, suchen Sie jetzt nach geeigneten Kriterien, anhand derer sich ein Textvergleich durchführen lassen könnte.
4. Machen Sie sich klar, worin die Gemeinsamkeiten und Unterschiede in den Aussagen bestehen, welche die beiden Texte zu den von Ihnen ausgewählten Aspekten machen. Ob Ihr Vergleichskriterium umsetzbar ist, finden Sie am besten heraus, wenn Sie dazu eine Tabelle anlegen und in dieser stichpunktartig die Vergleichsergebnisse notieren:

Vergleichsaspekt	Text A	Text B
Thema		
Handlung		
Figuren/Charakter		
(Leit-)Motive		
Sprache + Syntax		
...		

5. Formulieren Sie nun Ihren Aufsatz mit Einleitung, Hauptteil und Schluss. Achten Sie darauf, dass Sie jeweils zu Beginn des Hauptteils die Textauszüge kurz inhaltlich zusammenfassen, bevor es zum aspektgeleiteten Vergleich kommt. Ansonsten können Sie sich an den Hinweisen zum linearen Interpretationsaufsatz (vgl. S. 166) orientieren.

Beispielinterpretation und -vergleich II: S. 127 ff./S. 122 ff. und S. 114 ff./S. 109 ff. (aspektgeleitet)

Aufgaben:

1. *Interpretieren Sie die Erinnerungen und Reflexionen der Besucherin im Haus am märkischen See. (S. 127 – S. 129, Z. 19/S. 122 – S. 123, Z. 21)*
2. *Vergleichen Sie die Erinnerungen und Reflexionen der Besucherin mit denen der Schriftstellerin (S. 114, Z. 7 – S. 116, Z. 17/S. 109, Z. 3 – S. 111, Z. 16) u. a. im Hinblick auf die Gesamteinschätzung ihrer Lebenssituation, ihrer Vergangenheit sowie den Versuch, eine neue Heimat zu finden und glücklich zu werden.*

1. Einleitung

Der zu interpretierende Textauszug stellt den Beginn des Kapitels „Die Besucherin“ aus Jenny Erpenbecks 2008 erschienenem Roman „Heimsuchung“ dar. Durch die Erinnerungen und Gedanken der alten Frau, die seit fünf Jahren bei der Schriftstellerin im Haus am märkischen See zu Gast ist, wird die Geschichte ihres Lebens dargestellt.

2. Hauptteil Gliederung nach Sinnabschnitten

Im ersten Sinnabschnitt (S. 127 – S. 128, Z. 27/S. 122 – S. 23, Z. 21) geht es um die persönliche Einschätzung der aus der Ukraine stammenden und wegen des polnisch-ukrainischen Krieges geflüchteten Frau. Obwohl sie durch die Flucht ihre Heimat verloren und einige Fremdheitserfahrungen in Deutschland gemacht hat, ist sie mit ihrer aktuellen Lebenssituation zufrieden. Das liegt darin begründet, dass sie ihrer Lieblingstätigkeit, dem Schwimmen, am märkischen See nachgehen kann.

Im zweiten Sinnabschnitt (S. 128, Z. 28 – S. 129, Z. 19/S. 123, Z. 22 – S. 124, Z. 15) denkt sie über ihre ursprüngliche Heimat in der Ukraine nach und dass es dort ebenfalls zu Fremdheitserfahrungen gekommen ist.

Erzähltechnik

Mit Blick auf die Erzählform handelt es sich bei dem vorliegenden Textauszug um eine Er-/Sie-Erzählung, wie der folgende Satz zeigt: „Die Hauptsache ist, dass sie hier wieder schwimmen kann.“ (S. 127/S. 122) Dabei sorgt das personale Erzählverhalten dafür, dass die Lesenden nah an der Figur und ihren Gedanken sind: „Besser war es allemal, fremd zu sein in der Fremde, und nicht im eigenen Haus.“ (S. 129/S. 124) An einigen wenigen Stellen wird die subjektive Erzählperspektive der Innensicht sogar in Form eines inneren Monologs deutlich: „Besser ist es allemal, fremd zu sein in der Fremde.“ (S. 128/S. 123)

Interpretation des ersten Sinnabschnitts

Das Kapitel beginnt sofort und unter Verzicht auf jegliche epische Einführung. Unmittelbar werden die Lesenden in das Geschehen hineingezogen: „Die Hauptsache ist, dass sie hier wieder schwimmen kann. (S. 127/S. 122) Mit dem Motiv des Schwimmens wird bereits im allerersten Satz das

Motiv des Schwimmens

zentrale Motiv des Textauszugs, aber auch des gesamten Kapitels eingeführt. Der erste Satz macht deutlich, dass die Vorstellung, welche die Besucherin von Heimat hat, weniger an einen bestimmten Ort gebunden ist, sondern an Tätigkeiten, die sie liebt und denen sie nachgehen möchte. Da diese persönliche Tätigkeit, das Schwimmen, auch fern der ursprünglichen Heimat in der Ukraine möglich ist, kann man von einer insgesamt positiven Einstellung der Besucherin, die im Haus der Schwiegermutter ihrer jüngsten Enkeltochter wohnt, zu ihrer neuen Heimat sprechen.

Einstellung zur neuen Heimat am See

Dass die ehemalige Bäuerin am märkischen See im Berliner Umland aber durchaus mit Eingewöhnungsproblemen zu kämpfen hat, wird durch ihre Erinnerungen an den Beginn ihres Besuchs deutlich. Da sie nicht weiß, wozu beim Essen die „Porzellanstücke auf dem Tisch“ (ebd./ebd.) zu nutzen sind und ihr der „Versuch, das Frühstücksbrötchen mit Gabel und Messer zu schneiden“ (ebd./ebd.), misslingt, werden die sozialen Klassenunterschiede zwischen ihrer akademisch gebildeten Gastgeberin, der Schriftstellerin, und ihr selbst deutlich. Die Menschen in Deutschland haben einen anderen Zugriff auf die Welt, wie sie bemerkt.

Fremdheitserfahrungen in der neuen Heimat

Sozioökonomische Unterschiede

Das zeige sich auch an ihrem funktionalen Verständnis von Natur und Garten: „Hier, in diesem Garten, gibt es, ganz anders als in dem Garten, der ihr gehört, nichts zu säen und nichts zu ernten.“ (Ebd./Ebd.) Während sie als Bäuerin den eigenen Garten also für die eigene Versorgung genutzt hat, hat er für die Menschen, bei denen sie jetzt wohnt, nur noch den ästhetischen Zweck, „in einem Garten zu sein“ (S. 128/S. 122). Der Garten wird hier zum Selbstzweck, zu einem Anhängsel. Doch die Besucherin ist davon nicht irritiert, „denn auch in ihrem Leben hält sie sich nur noch auf, um am Leben zu sein“ (ebd./ebd.) (Leben nur zum Selbstzweck). So zeigt sie sich offen und ist in der Lage, mit Verständnis und Toleranz auf ihr neues Lebensumfeld zu reagieren. Sie akzeptiert schweren Herzens, dass sie in ihrem

Verhältnis zu Natur und Garten

Dankbarkeit

Alter in der neuen Heimat „nicht mehr arbeiten“ (ebd./S. 123) wird, sondern stattdessen „mit den Händen im Schoß [...] sitzen und den Lerchen beim Fliegen“ (ebd./ebd.) zusehen soll. Diese von Passivität und Nichtstun geprägte neue Rolle nimmt sie in Kauf, weil sie weiß, dass sie am Abend „wieder schwimmen gehen kann, [...], fast so wie zu Hause“ (ebd./ebd.). Auch weil es ihr gelingt, fern der ukrainischen Heimat am Ufer des Sees sitzend in Gedanken ihren längst verstorbenen Mann „Akkordeon spielen“ (ebd./ebd.) zu hören, wird sie zu einem zwar nicht völlig glücklichen, aber durchaus zufriedenen Menschen, der im Einklang mit sich lebt. Ihr musikalisches Gedächtnis sorgt dabei sogar dafür, dass die alte Erinnerung auch an einem ursprünglich fremden Ort ein Gefühl von Heimat entstehen lässt. Wie bereits im ersten Satz wird auch an dieser Stelle ihre mobile Heimatvorstellung deutlich: Heimat ist für sie nicht an Sesshaftigkeit und zwangsläufig an den Ort ihrer Kindheit gebunden, sondern gerade weil sie sich von dieser Heimatbindung löst und freimacht, wird Heimat auch über eine Tätigkeit, hier das Schwimmen, an einem anderen Ort möglich.

Mobile Heimatvorstellung

Interpretation des zweiten Sinnabschnitts

Dass die Besucherin nicht zu einer Idealisierung der Kinderheimat neigt, wird auch im zweiten Sinnabschnitt deutlich. Dieser handelt von ihren Erinnerungen an die alte Heimat und ihr Leben in der Ukraine. An dieser Stelle macht die Besucherin deutlich, dass auch der Ort, an dem man geboren wurde, Gefühle von Fremdheit und Heimatlosigkeit auslösen kann. Eine Wortwiederholung verdeutlicht dies: „Besser ist es allemal, fremd zu sein in der Fremde.“ (Ebd./Ebd.) Als sie nach ihrer ersten Flucht nach Hause in die Ukraine zurückkehrt, haben sich die Eigentumsverhältnisse geändert und sie muss als „Magd bei den Polen“ (S. 129/S. 123) auf „ihrem eigenen Hof“ (ebd./ebd.) arbeiten. Ein echtes Heimatgefühl von Geborgenheit und Sicherheit kann sich so nicht wieder einstellen. Da die verän-

Sprache: Wortwiederholung

derten Umstände in der alten Heimat es erfordern und sie nicht mehr „im eigenen Haus“ (ebd./ebd.) leben kann, ist sie bereit, ihre Heimat zu verlassen und ein neues Leben im fremden Deutschland zu beginnen, das Sicherheit für sie und ihre Familie garantiert.

Insgesamt wird in dem Textauszug deutlich, dass Heimat für die Besucherin kein für das gesamte Leben feststehender Ort sein muss. Für sie ist Heimat eher eine Vorstellung, die man mit sich tragen und auch an einem anderen Ort ausleben kann. Entscheidend ist für die alte Frau, „am Leben zu sein“ (ebd./S. 122). Da das Leben am märkischen See ihr und ihrer Familie diese Sicherheit garantieren kann, ist sie bereit, die daraus entstehenden Nachteile in Kauf zu nehmen, solange sie nur dazu in der Lage ist, das zu verwirklichen, was ihre eigene Identität wesentlich ausmacht: das Schwimmen. 3. Schluss

Im Folgenden werde ich die Erinnerungen und Reflexionen der Besucherin mit denen der Schriftstellerin vergleichen, u. a. im Hinblick auf die Gesamteinschätzung ihrer Lebenssituation, ihrer Vergangenheit und den Versuch, eine neue Heimat zu finden und glücklich zu werden. Überleitung Vergleichskriterien

Der zu vergleichende Textauszug ist deutlich zweigeteilt: Er stellt den vierten und fünften Sinnabschnitt des Kapitels „Die Schriftstellerin“ dar und befindet sich daher am Anfang dieser fragmentarisch erzählten Geschichte. Einordnung des Textauszugs in den Roman

Zu Beginn (S. 114, Z. 7–S. 115, Z. 18/S. 109, Z. 3–S. 110, Z. 15) reflektiert die aus dem Exil in der Sowjetunion nach dem Zweiten Weltkrieg nach Deutschland heimgekehrte Schriftstellerin die Bedeutung der Schreibmaschine für ihr Dasein. In der Vergangenheit habe das technische Gerät ihr inneren Halt gegeben, während es ihr in der Gegenwart dazu dienen solle, die vom Faschismus moralisch verdorbenen Menschen in ihrer deutschen Heimat literarisch zu erziehen und zu besseren Wesen zu machen. Kurze Inhaltsangabe

Im nächsten Sinnabschnitt (S. 115, Z. 19 – S. 116, Z. 17/S. 110, Z. 16 – S. 111, Z. 16) denkt die Dichterin über die Schwierigkeit nach, im Deutschland der Nachkriegszeit wirklich heimisch zu werden, da sich das Land und seine Bewohner und Bewohnerinnen durch den Faschismus derart verändert haben, dass an Sicherheit, Geborgenheit und Identität hier nicht mehr zu denken sei.

Deutung: Vergleich Gemeinsamkeiten Reflexion und Nachdenken

Vergleicht man das Verhalten und die Gedanken der Figuren in beiden Ausschnitten, so fällt mit Blick auf die Gemeinsamkeiten auf, dass in beiden die Reflexionen und das Nachdenken dominieren. Im ersten Textauszug denkt die Besucherin über die Folgen ihrer Flucht nach Deutschland nach. Allen Fremdheitserfahrungen zum Trotz (vgl. S. 127/S. 122) akzeptiert sie ihre neue Lebenssituation,

Hilfen in der Fremde: Schwimmen und Schreibmaschine

weil es ihr am märkischen See möglich ist, ihrer Lieblingstätigkeit, dem Schwimmen, nachzugehen (vgl. S. 128/ebd.). Die Lesenden haben ebenfalls an den Reflexionen der Schriftstellerin teil, die über ihre neue Lebenssituation nachdenkt. Eine strukturell ganz ähnliche Hilfe findet sie, die sich im neuen Staat DDR ebenfalls erst einmal fremd und neu fühlt, in der Schreibmaschine. So wie die Besucherin Halt und Sicherheit in der Bewegung des Schwimmens findet, die auch fern der Ukraine stattfinden kann, hält sich die Schriftstellerin an ihrer Schreibmaschine fest und findet so inneren Halt und Orientierung: „Diese Schreibmaschine hat sie auf vielen Straßen vieler Städte in der Hand getragen, in überfüllten Zügen auf dem Schoß gehalten, an ihrem Griff sich festgehalten […]. Diese Schreibmaschine war ihre Wand […]." (S. 114/S. 109)

Gefühl der Heimatlosigkeit

Beide Figuren befinden sich in der Fremde. Das gilt nicht nur für die aus der Ukraine stammende Besucherin, die vor dem Krieg ins ferne Deutschland geflüchtet ist und sich hier „fremd […] in der Fremde" (S. 128/S. 123) fühlt. Es gilt auch für die aus ihrer deutschen Heimat vor den Nationalsozialisten geflohene Schriftstellerin, die nach ihrer Rückkehr aus dem Exil das

Gefühl hat, in Deutschland „kein Land mehr“ (S. 116/S. 111) zu haben, in dem sie sich dauerhaft wohlfühlen könnte. Und beide Figuren eint, dass sie über ihre von politischen Wirren geprägte Vergangenheit nachdenken, ihre aktuelle Lebenssituation und die Bedeutung von Heimat reflektieren. Daran können die Lesenden auch deshalb gut teilhaben, weil in beiden Textauszügen die Innensicht als Erzählperspektive dominiert. Die Lesenden können in die Figuren der Besucherin und der Schriftstellerin hineinsehen und ihre Gedanken und Emotionen nachvollziehen. Auch wegen des personalen Erzählverhaltens in beiden Auszügen kommen die Lesenden den Figuren sehr nahe.

Erzähltechnische Gemeinsamkeiten

Im Hinblick auf die Gesamteinschätzung ihrer gegenwärtigen Lebenssituation und ihr persönliches Glück unterscheiden sich beide Figuren jedoch wesentlich. Schon ihr erster Satz macht deutlich, dass die Besucherin in ihrer neuen Heimat am märkischen See eine positive Lebenseinstellung bewahrt hat: „Die Hauptsache ist, dass sie hier wieder schwimmen kann.“ (S. 127/S. 122) Sie sieht vor allem das Gute an ihrem neuen Leben und hält ihre neue Heimat für „den richtigen Ort“ […], um am Leben zu sein“ (S. 128/ebd.). Am märkischen See fühlt sie sich daher „fast so wie zu Hause“ (ebd./ebd.). Entscheidend für sie und ihr Glück ist, dass sie das Leben ihrer Familie durch ihre Flucht retten konnte. Dafür ist die Realistin bereit, ihre Heimat in der Ukraine zu opfern, zumal sie auch deren Nachteile unmissverständlich benennen kann (vgl. S. 129/S. 123). Eine solch positive Grundeinstellung zu ihrer Lebenssituation lässt sich für die idealistisch eingestellte Schriftstellerin nicht nachweisen. Für sie hat sich Deutschland in der Zeit ihrer Abwesenheit und der Herrschaft der Nationalsozialisten „auf Nimmerwiedersehen in etwas Körperloses“ (S. 116/S. 111) verwandelt. Sie fühlt sich „auf immer ins Unbehauste gestoßen“ (ebd./ebd.), weil sie der deutschen Bevölkerung misstraut, die Unmenschlichkeit und Barba-

Unterschiede

Lebenseinstellung

Realistin …

… versus Idealistin

rei des Faschismus wirklich erkannt und verworfen zu haben. So steckt „der Zweifel für immer als Heimweh“ (ebd./ebd.) in ihr und lässt ihr keine Ruhe. Genau diese Ruhe zeichnet jedoch die Besucherin aus, weil sie weiß, dass sie hier „wieder schwimmen gehen kann, in diesem schimmernden, kühlen See, fast wie zu Hause“ (S. 128/S. 123). Im Unterschied zur Schriftstellerin, die ein hohes idealistisches Ziel hat und „die deutschen Barbaren zurückverwandeln“ (S. 114/S. 109) möchte, beschränkt sich die Besucherin auf ihr persönliches kleines Glück. Die Selbstbeschränkung führt dazu, dass sie dieses am märkischen See findet.

Schluss

Insgesamt macht der Vergleich beider Figuren deutlich, dass trotz einer ähnlichen Ausgangslage als Flüchtlinge die

Dominanz der Unterschiede

Unterschiede dominieren: Die Schriftstellerin hat ein bestimmtes, von idealistischen Werten geprägtes Heimatbild vor Augen, dem die Wirklichkeit nicht entspricht. Das führt zu Zweifel und Unzufriedenheit. Die Besucherin hingegen hat sich von der Vorstellung, dass Heimat und damit Identität nur an einem ganz bestimmten Ort möglich werden können, verabschiedet und freigemacht. Heimat ist für sie im Gegensatz zur Schriftstellerin keine Vorstellung, die man realisiert, indem man seine Mitmenschen verändert

Loslösung vom Heimatkonzept der Sesshaftigkeit

und formt. Die Besucherin präsentiert im Roman „Heimsuchung“ die Möglichkeit einer inneren, vom Anspruch der Sesshaftigkeit befreiten Form der Heimat. Sie ist auch in der Fremde mit sich und ihrer Identität im Reinen, weil Heimat v. a. mit der Aktivität des Schwimmens verankert ist, der sie an unterschiedlichen Orten nachgehen kann. Dieser Prozess der Loslösung gelingt der Schriftstellerin nicht. Sie ist abhängig von den politischen Verhältnissen in Deutschland. Und da diese ihren idealistischen Ansprüchen nicht genügen, scheint sie weitaus unglücklicher und unerfüllter zu sein als die der alten Bäuerin aus der Ukraine.

Der Blick auf die Prüfung: Themenfelder

Dieses Kapitel dient der unmittelbaren Vorbereitung auf die Prüfung: Schulaufgabe bzw. Klausur oder schriftliche oder mündliche Abiturprüfung. Die wichtigsten Themenfelder werden in einer übersichtlichen grafischen Form dargestellt. Am Ende findet sich eine Liste mit Internetadressen und Literaturangaben, auf deren Basis eine inhaltlich vertiefende Arbeit möglich ist.

Die schematischen Übersichten können dazu genutzt werden,

- die wesentlichen Deutungsaspekte des Romans kurz vor der Prüfungssituation im Überblick zu wiederholen,
- die Kerngedanken des Romans noch einmal selbstständig zu durchdenken und
- mögliche Verständnislücken nachzuarbeiten.

Zum Verständnis der Schemata ist die Kenntnis der vorangegangenen Kapitel unerlässlich. Die folgenden Schwerpunktsetzungen beruhen auf Erfahrungen aus jahrelanger Prüfungspraxis. Die Übersicht V (Vergleichsmöglichkeiten mit anderen Werken) soll als Anregung dienen, um den eigenen Lektürekanon auf interessante Vergleichspunkte abzuklopfen.

Übersicht I: Was ist das für ein Roman? – Die Gattungsfrage

Jenny Erpenbecks „Heimsuchung“ als …

… Heimatroman
- bestimmter landschaftlicher Raum wird traditionell erzählt
- Wunsch nach Rückzug in ein einfaches, überschaubares Leben
- Die Heimat dominiert alle anderen Werte.
- Heimat als Fluchtraum für den Menschen
- stereotype, pseudoproblematische und oft banale Handlungen
- Heimat als Ort festgefügter, gemeinschaftlicher Werte und Normen

… Anti-Heimatroman
- Heimat und Heim als instabile Konzepte in der Moderne
- traditionelles Erzählen wegen Selbstentfremdung des Menschen kaum noch möglich
- orientierungslose und verzweifelte Menschen auf der meist vergeblichen Suche nach Heimat
- Die Sehnsucht nach Heimat, Sicherheit und Identität wird meistens nicht erfüllt.
- Heimat als „Gefängnis“

… moderner Roman
- „transzendentale Obdachlosigkeit“ (G. Lukacz)
- Die S inngebung des Daseins wird fragwürdig.
- Wechsel der Erzählperspektiven
- Wechsel von Erzählstil und Erzählhaltung
- innerer Monolog und erlebte Rede

⬇

- moderner Roman, der die anhaltende Bedeutung von Heimat für den Menschen betont
- Text, der die Schwierigkeiten der Heimatfindung in der Moderne nicht verschweigt
- Roman, der die Autonomie des Einzelnen/der Einzelnen bei der Heimatfindung infrage stellt
- Text, der mit dem Idealtypus des traditionellen Heimatromans bricht

Übersicht II: Die Sprache des Romans

Sprache und Syntax

Vergleich
„Das Haus sollte aussehen, als sei es hier gewachsen, wie etwas Lebendiges.“ (S. 42/S. 39)

Syntaktischer Parallelismus
„Die Hosen hochgekrempelt im Märkischen Meer. Die Hosen hochgekrempelt im Indischen Ozean.“ (S. 50/S. 47)

Metaphorik
„Diese Schreibmaschine war ihre Wand […].“ (S. 114/S. 109)

Rhetorische Frage
„Gibt es in Brasilien auch Seen?“ (S. 85/S. 81)

Wortwiederholung
„Besser ist es allemal, fremd zu sein in der Fremde.“ (S. 128/S. 123)

Juristische Fachsprache
„Neun acht fünf BGB Anspruchsgrundlage der Kläger. Unstreitig. Unmittelbarer Besitz.“ (S. 172/S. 166)

Sprachmischung
„It is supposed to look as if der Baum in einem verschneiten Winterwald stünde […].“ (S. 51/S. 48)

Symbol
„[V]or ihrem Zimmer ließ er ein eisernes Vögelchen anschmieden.“ (S. 67/S. 63)

➡

präzise, häufig dokumentarisch-sachliche Sprache und elliptisch verknappte Syntax als Ausdruck des existenziellen Spannungsfeldes zwischen individuellem Streben der Figuren und ihrem schicksalhaften Ausgeliefertsein an die Heimsuchungen ihrer Zeit

Übersicht III: Die Erzähltechnik des Romans

„Seiltänzerin wollte sie werden oder Dompteurin, aber das verriet sie keinem, nicht einmal ihrem Vater, dem Großmogul, der eigentlich Großkonsul war, ihr ganzes Leben immer nur lachen und reisen, während ihre Schwestern weiter wachsen würden und fett werden und Kinder bekämen. Sie dagegen immer und ewig auf Tournee.“ (Die Frau des Architekten, S. 64/S. 60)

Erzählform	**Erzählperspektive**	**Erzählverhalten**
Er-/Sie-Erzählung	Innensicht	personal
Erläuterung: Die Erzählerfigur protokolliert und berichtet die sachlich wirkenden Erinnerungen, ohne sie zu kommentieren.	Erläuterung: Die Gedanken und Gefühle der Frau des Architekten zielen auf ihre im späteren Leben enttäuschten Erwartungen und Lebensträume als junger Mensch.	Erläuterung: Die Frau des Architekten befindet sich in einem gedanklichen und persönlichen Dialog mit sich selbst und reflektiert ihre privaten Pläne und Erinnerungen.

⬇

In ihrem multiperspektivischen und polyphonen Roman verzichtet Jenny Erpenbeck grundsätzlich auf eine das vielfältige Geschehen ordnende, kommentierende und bewertende objektive Erzählinstanz. Dadurch werden die Lesenden in eine aktivere Rolle als Rezipienten/Rezipientinnen und Interpreten/Interpretinnen gezwungen.

Übersicht IV: Motive und Symbolik

Symbole und Motive

- Porzellan/Silberbesteck (S. 34, 139, 157/S. 31, 134, 150) als Gegenstände der bleibenden Erinnerung an verschwundene Menschen
- Geruch von Pfefferminz und Kampfer (S. 36, 75, 99, 177/S. 33, 72, 94, 171) als Mahnung gegen das Vergessen
- eisernes Vögelchen am Balkongitter (S. 67, 73, 176, 181/S. 63, 69, 170, 175) als Ausdruck von Freiheitsund Bewegungsdrang des Menschen
- Haus am See als Ausdruck der Sehnsucht nach Heimat, Sicherheit, Sesshaftigkeit und Geborgenheit

Wiederholt auftretende Leitmotive und -symbole sorgen für das Zusammenhalten des eigentlich disparaten Textes, indem sie ein Netz von Beziehungen knüpfen. Als wiederkehrende Handlungselemente, wiederholt verwendete sprachliche Bilder, sich wiederholende Redewendungen oder auch als Dingsymbole treten sie an bedeutsamer Stelle auf und strukturieren die Handlung.

Übersicht V: Vergleichsmöglichkeiten mit anderen Werken

Jenny Erpenbeck: „Heimsuchung“

Vergleich mit modernen Romanen (Heimsuchungen: Krieg, Heimatverlust und Exil)
Anna Seghers: „Transit“
Shida Bazyar: „Nachts ist es leise in Teheran“
Anna Prizkau: „Fast ein neues Leben“
Olga Grjasnowa: „Der Russe ist einer, der Birken liebt“
Saša Stanišić: „Herkunft“

Vergleich mit Filmen
Filmtrilogie „Heimat“ (1981 – 2012) des bekannten Regisseurs und Autors Edgar Reitz. Die drei Hauptorte der Handlung sind eine Dorfschmiede im Hunsrück, eine Villa in München und ein Haus am Mittelrhein. Reitz stellt eine unverfälschte Chronik des einfachen Lebens im 20. Jahrhundert vom Ende des Ersten Weltkrieges bis zur deutschen Einheit dar.

Motiv-Vergleich mit anderen Werken der Autorin (Schwerpunkt: Wendezeit)
Jenny Erpenbeck: „Geschichte vom alten Kind“
Jenny Erpenbeck: „Dinge, die verschwinden“
Jenny Erpenbeck: „Kairos“
Jenny Erpenbeck: „Gehen, ging, gegangen“

Vergleich mit trivialen Heimat- und modern-kritischen Anti-Heimatromanen
Berthold Auerbach: „Schwarzwälder Dorfgeschichten“
Jeremias Gotthelf: „Uli der Knecht“
Johanna Spyri: Heidi-Romane
Knut Hamsun: „Segen der Erde“
Thomas Bernhard: „Frost“
Dominik Barta: „Vom Land“
Andreas Maier: „Die Heimat“

Internetadressen

Unter diesen Internetadressen kann man sich zusätzlich informieren:

www.adwmainz.de/mitglieder/profil/jenny-erpenbeck.html
(biografischer Kurzüberblick und Würdigungen)

www.chemnitz.de/chemnitz/media/kultur/internationaler-stefan-heym-preis/heympreis2023_laudatio_hametner.pdf
(Verleihung des Stefan-Heym-Preises 2023 und Laudatio auf Jenny Erpenbeck)

https://amerker.de/int61.php
(ein Gespräch mit Jenny Erpenbeck über Grenzen und Grenzüberschreitungen)

[Stand: 12.01.2024]

Literatur

Textausgabe

Jenny Erpenbeck: Heimsuchung. Penguin Verlag: München 2018. Penguin Random House Verlagsgruppe

Jenny Erpenbeck: Heimsuchung. Reclam: Stuttgart 2024

Sekundärliteratur (Rezensionen)

Verena Auffermann: Wenn das Haus fertig ist, kommt der Tod. (26.02.2008) www.deutschlandfunkkultur.de/wenn-das-haus-fertig-ist-kommt-der-tod-100.html

Katharina Granzin: Zwischen Streben und Ausgeliefertsein. (07.03.2008) https://taz.de/Jenny-Erpenbecks-Roman-Heimsuchung/!5185475/

Martin Halter: Das Haus am Scharmützelsee. (22.02.2008) www.faz.net/aktuell/feuilleton/buecher/rezensionen/belletristik/literatur-das-haus-am-scharmuetzelsee-1515514.html

Katharina Döbler: Großmutters klein Häuschen. (29.05.2008) www.zeit.de/2008/23/L-Erpenbeck-NL

Jörg Magenau: Fremd bin ich eingezogen. (03.02.2008) www.tagesspiegel.de/kultur/literatur/fremd-bin-ich-eingezogen-1606282.html

[Stand: 12.01.2024]